MON CAHIER
FÉMININ SACRÉ

MAËVA MORIN

W0344879

ILLUSTRATIONS
DJOÏNA AMRANI (INTÉRIEUR)
ISABELLE MAROGER (COUVERTURE)

SOLAR
EDITIONS

SOMMAIRE

Introduction

Chaque jour vous jonglez entre votre vie professionnelle et votre vie personnelle dans une course effrénée : agenda surbooké, charge mentale écrasante, stress en fond sonore et émotions qui débordent. Appuyez sur pause et prenez le temps de respirer !

Pas simple de ralentir et de prendre le pouls de votre monde intérieur. Et pourtant… si vous preniez le temps d'interroger celle que vous êtes au fond de vous ? Vous découvrirez certainement tout un univers !

Que vous chuchote cette petite voix intérieure ? Tout d'un coup, votre esprit se peuple d'envies, de rêves inaccomplis et de toutes ces choses que vous n'osez pas faire, ou peut-être d'images de cette femme que vous n'osez pas être. Cette voix, c'est celle de la femme sauvage présente en vous.

Grâce à ce cahier, vous allez partir à la rencontre de votre femme sauvage. Avec elle, vous plongerez dans vos profondeurs, à l'écoute de votre intuition et de vos perceptions. Comment ? En vous réappropriant votre sagesse intérieure et corporelle, en vous libérant des injonctions de la société et de vos propres pensées limitantes.

Avec ce cahier, vous allez prendre conscience de votre cyclicité. Votre corps de femme vous relie au cycle annuel des saisons et au cycle mensuel de la lune, et de vos lunes à vous. Grâce à cette reliance, vous pouvez alterner les phases de productivité avec les temps nécessaires de rien-faire. Vous allez pouvoir danser votre vie au rythme de vos cycles.

Inspirée de la femme sauvage, vous allez réveiller votre propre magie au service de vos aspirations. En lien avec l'invisible, vous allez vous révéler à vous-même. Vous êtes prête ? C'est parti pour un voyage à la rencontre de la femme sauvage qui sommeille en vous !

Test : quelle femme sauvage êtes-vous ?

Partons du postulat que vous êtes déjà cette femme sauvage en lien avec sa nature profonde. Si, si, mais vous ne le savez pas encore ! Êtes-vous davantage reliée à votre intuition, à votre corps ou à la nature ? Ce test va vous indiquer quel trait de la femme sauvage est le plus présent chez vous et quels sont les aspects à développer grâce à ce livre.

Êtes-vous à l'aise avec votre corps de femme ?

■ Vous êtes plus en lien avec vos qualités féminines (sensibilité, intuition) qu'avec votre corps.

♦ Votre corps est un temple et vous êtes fière d'être une femme !

● Vous percevez votre corps comme un microcosme dans un écosystème global.

Vous vivez en ville…

■ Vous adorez l'effervescence de la ville, cela vous convient à 200 % !

♦ Vous aimez vivre en ville, mais vous avez besoin d'en sortir souvent pour vous ressourcer.

● Vous vivez en ville car c'est pratique pour vous, mais vous aimeriez vivre plus près de la nature.

Ce soir, c'est la nouvelle lune…

■ Vous avez préparé votre petit rituel lunaire : cahier d'intentions, bougie, oracles, bain de cristaux… Vivement ce soir !

♦ Sensible aux phases de la lune, vous dormez mal depuis 3 nuits !

● Vous avez prévu une marche en forêt pour l'observer au cœur de la nature.

Vous vous apprêtez à partir pour un rendez-vous qui vous ennuie. Vous êtes en retard, vous ne trouvez pas vos clés ni votre pull préféré, ce matin rien n'est fluide !

■ Votre intuition sur ce rendez-vous n'est pas bonne, vous inventez une excuse pour ne pas vous y rendre.

♦ Vous prenez le temps de respirer profondément et d'interroger vos sensations corporelles pour savoir si vous allez à votre rendez-vous.

● Ce matin, vous vous sentez fatiguée, nous sommes au cœur de l'hiver, la nature se repose, vous aussi ! Vous annulez votre rendez-vous.

Au quotidien, qu'est-ce qui guide vos décisions ?

■ Vous avez l'habitude d'observer les signes et les synchronicités, et vous prenez vos décisions en fonction.

- ♦ Vous vous fiez plutôt à vos sensations corporelles : boule au ventre, peau qui frissonne, etc.
- ● Vous vous rendez dans la nature pour un temps de silence avec vous-même, cela vous aide à faire le tri dans vos pensées et à prendre les bonnes décisions.

C'est le premier jour de vos règles, vous vous dites :

- ■ « J'étais plus sensible ces derniers jours, voilà pourquoi ! »
- ♦ « La poitrine lourde et le ventre ballonné depuis 3 jours, je les attendais ! »
- ● « Encore une fois, mes lunes arrivent avec la nouvelle lune, je vais pouvoir savourer ce temps pour moi. »

Qu'est-ce qui vous ressource le plus ?

- ■ Un tête-à-tête avec votre cahier d'écriture intuitive.
- ♦ Un bain rituel avec des fleurs, du sel de bain, des cristaux ; gommage et massage de tout le corps au programme !

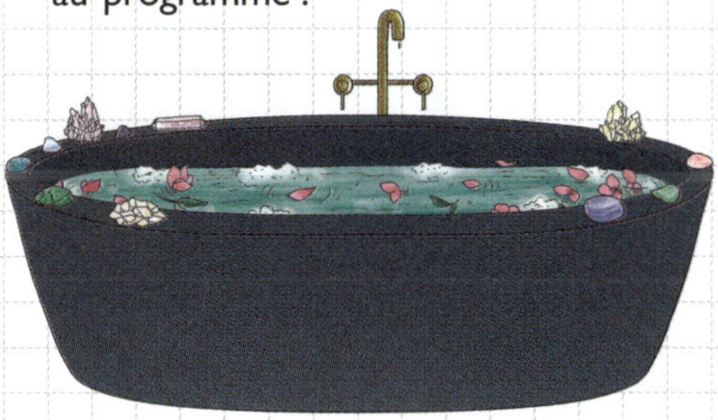

- ● Une longue balade dans la nature, quelle que soit la météo.

Votre corps au quotidien, vous diriez que c'est...

- ■ Le réceptacle de votre âme.
- ♦ Le temple de vos sens.
- ● Votre écosystème intérieur.

Ce que vos proches disent de vous :

- ■ « Elle perçoit l'invisible. »
- ♦ « Elle rayonne de tout son éclat. »
- ● « Elle est connectée à sa nature profonde. »

Si vous étiez un personnage mythique, vous seriez...

- ■ Cassandre, princesse douée d'un pouvoir de divination intuitive.
- ♦ Vénus, déesse de la volupté et de l'amour.
- ● Circé, sorcière férue de plantes et douée d'un pouvoir de transformation.

Faites les comptes !

■	♦	●

Vous avez une majorité de ■ : *vous êtes connectée à votre intuition.*

Vous savez reconnaître la voix de votre intuition et surtout, vous l'écoutez ! En lien avec l'invisible, votre intuition vous aide à prendre les bonnes décisions au quotidien. Même

si cela peut sembler bizarre à votre entourage, vous vous faites confiance sur ce plan-là et ça marche. C'est une première étape pour rencontrer la femme sauvage en vous. Vous allez pouvoir affiner votre intuition et la relier, grâce à ce livre, à vos perceptions corporelles (rendez-vous au chapitre 2).

Vous avez une majorité de ♦ : vous êtes connectée à votre corps.

Fière et heureuse d'être une femme, vous connaissez bien votre corps d'un point de vue anatomique et physiologique. Comme la femme sauvage, vous êtes bien dans votre peau et vous savez écouter les messages que vous envoie votre corps. Bravo ! Votre corps est le réceptacle de votre monde intérieur, notamment de vos émotions, vos envies, votre désir de vie… Votre mantra pourrait être : « Rayonner à l'extérieur pour rayonner à l'intérieur. » Grâce à ce livre, vous irez encore plus loin en affinant vos connaissances sur votre nature cyclique en connexion avec la nature (rendez-vous aux chapitres 3 et 4).

Vous avez une majorité de ● : vous êtes connectée à la nature.

Pas une journée ne passe sans que vous ayez besoin d'aller dans la nature, essentielle à votre bien-être et à votre ressourcement. Bains de forêt, grounding, digital detox, tout cela n'a pas de secrets pour vous ! Adepte du slow life, vous êtes connectée au rythme des saisons, qui fait partie intégrante de l'organisation de votre rythme personnel. Grâce à ce livre, vous allez accentuer ce lien à la nature en vous reliant à votre nature profonde et en prenant conscience que les deux fonctionnent en synergie (rendez-vous aux chapitres 3 et 4).

Chapitre 1

Hello, mon féminin sauvage !

Renouer avec sa nature sauvage, célébrer et honorer son féminin sacré pour enfin oser être cette femme vibrante qui sommeille en chacune de nous… cela donne envie, non ? Nous sommes de plus en plus nombreuses à nous engager sur ce chemin d'exploration de notre nature profonde pour retrouver les mystères du féminin et, telle une fleur, éclore à nous-mêmes.

Je réveille la femme sauvage en moi !

Pour renouer avec sa femme sauvage, faut-il nécessairement vivre en ermite dans la forêt ? Bien sûr que non, encore que si l'idée vous séduit, c'est une option ! Réveiller sa femme sauvage veut dire : se reconnecter à sa nature profonde, suivre son propre rythme, écouter sa sagesse intérieure, en étant reliée à la nature.

Je me mets en phase avec mon rythme

Nous vivons dans une société linéaire où nous devons toujours être à 100 %, actives, pleines d'énergie, performantes. Bref, au top. Notre quotidien est souvent superorganisé et minuté. Nous cochons notre to do list journalière sans parvenir à reprendre notre souffle. Cela est particulièrement flagrant pour les femmes sur qui repose la fameuse charge mentale. Quelle est la place de notre rythme naturel dans ces journées bien remplies ? Le rythme naturel du corps est une question d'équilibre : activité/repos, éveil/sommeil, choses à faire / choses que l'on a envie de faire. Concrètement, si votre

quotidien compte plus de contraintes que de plaisir, votre énergie baisse. À l'inverse, s'il est équilibré entre vos obligations et vos plaisirs, si vous avez le temps de vous reposer et de faire des choses que vous aimez, vous êtes dans une énergie dynamique et vos pensées sont positives ! Notre rythme interne varie aussi en écho avec le rythme annuel des saisons, car notre degré d'énergie n'est pas le même en été, où nous sommes boostées par le soleil et la chaleur, qu'en hiver, où le besoin de se reposer est plus important.

Finalement, porter attention à son propre rythme, c'est observer les moments où l'on a besoin de ralentir, de se poser pour se ressourcer. S'octroyer du temps pour nourrir son terreau intérieur, c'est-à-dire nourrir en profondeur son âme de ce qui lui fait du bien : lecture, massages, voyages, activité physique, balades dans la nature, etc. Écouter son rythme, c'est être pleinement dans son corps et savoir en décrypter les messages.

Dans ce livre, vous apprendrez à sentir comment la nature, via la lune et les saisons, influe sur nous. Vous apprendrez aussi à mieux reconnaître les signaux de votre corps, notamment quand il est temps de ralentir et de vous chouchouter !

Je me mets en phase avec mon corps

Notre corps est souvent perçu comme un véhicule nous permettant de bouger, nous déplacer, nous exprimer, bref, comme un outil. Mais en réalité, il est plus que cela. Notre corps est un temple qui abrite notre âme et tous ses élans (émotions, désirs, envies, etc.). Se reconnecter à sa femme sauvage signifie donc explorer son corps en profondeur, avec joie et curiosité. La femme sauvage est bien dans son corps, elle l'aime et le respecte. Surtout, elle sait que son corps est divin, car son fonctionnement est un miracle, mais aussi grâce à tous les plaisirs qu'il nous offre. Notre corps est une porte ouverte vers notre féminité profonde. La femme sauvage, parce qu'elle est connectée à son corps, sait qu'à l'image de la nature, elle est cyclique. Par exemple, elle vit son cycle menstruel en connexion avec le cycle de la lune. Elle a conscience que son corps est en perpétuelle résonance avec le monde qui l'entoure.

Je me mets en phase avec la nature

Notre vie de citadines nous a fait oublier une chose fondamentale : nous sommes la nature autant qu'elle est nous. Si cela était une évidence pour nos ancêtres, nous avons perdu de vue cette sagesse ; renouer avec sa femme sauvage passe donc par sa réappropriation. Il s'agit de sentir à chaque respiration l'échange entre le dedans et le dehors, de prendre conscience qu'animaux, végétaux ou humains, nous respirons tous le même air et que chacun participe chaque minute à cet échange. Fermez les yeux quelques instants et imaginez une femme sauvage, libre, cheveux au vent, pieds nus sur la Terre. Vous la voyez en communion avec les éléments. Elle est cette nature vibrante qui palpite sous sa peau.

Créer l'espace rituel de la femme sauvage

La femme sauvage vit en connexion avec son monde intérieur. Pour s'y relier, elle met en place des rituels pour nourrir son intuition et sa relation à plus vaste qu'elle. Vous allez donc organiser un espace rituel chez vous !

1. Créer un autel

Un espace rituel est un endroit où vous pouvez disposer des objets que vous aimez, des cailloux, des coquillages, des plumes et autres trésors glanés, des images ou des cartes oracles, etc. Des objets qui semblent anodins, mais pas pour vous, car ils ont une valeur symbolique. Votre autel variera au gré de vos envies et de vos besoins, mais aussi au fil des saisons, de votre cycle menstruel et de celui de la lune. Prenez le temps de vous y consacrer chaque fois que vous le changez : remerciez les éléments qui vous ont accompagnée et accueillez les nouveaux.

2. Ouvrir un espace sacré pour ses rituels

Avant chaque rituel, il vous faut purifier l'espace à l'aide d'une fumigation : il s'agit d'embraser un bâton d'herbes séchées (sauge, romarin, thym) lacées très serré ou d'encens, puis d'éteindre la flamme pour qu'il se consume lentement en produisant une fumée purificatrice. Promenez le bâton dans la pièce ou autour de votre lieu de pratique. Cela permet de nettoyer l'espace des énergies ambiantes, mais c'est aussi une mise en condition mentale pour vous : vous vous préparez à entrer dans un espace sacré pour vous connecter à votre magie. Pour chaque rituel, vous êtes invitée à procéder ainsi : assurez-vous de ne pas être dérangée, purifiez l'espace, allumez des bougies et mettez une musique d'ambiance si vous le souhaitez.

3. Réaliser son propre smudge stick (bâton de fumigation)

La base de l'herboristerie est de faire avec les herbes à disposition près de chez soi. Votre bâton de fumigation est donc empreint de votre environnement et de la saison. Profitez d'une balade dans la nature pour cueillir du romarin, du thym, de la lavande, des roses, des aiguilles de sapin, de cèdre… Pour fabriquer votre bâton, vous aurez besoin de ficelle de cuisine. Faites un bouquet très serré avec les herbes et enroulez la ficelle de bas en haut. Serrez bien car en séchant, les herbes vont diminuer de volume ! Vous pouvez aussi ajouter un cristal et des fleurs, comme des pensées sauvages. Laissez sécher votre bâton de fumigation quelques semaines, puis vous pourrez vous en servir pour vos rituels !

Wild me, où es-tu ?

L'idée d'être cette femme sauvage vous séduit, mais vous ne la sentez pas vibrer en vous ? Pas de panique ! Nous avons toutes une part sauvage, mais nous avons tendance à la réfréner, soit parce qu'elle nous effraie, soit parce qu'elle n'est pas assez conventionnelle en société. Pourtant, se reconnecter à cette part sauvage, c'est revenir à son instinct. L'instinct est un sens inné que nous avons toutes à disposition. C'est par exemple notre corps qui nous dit de nous méfier de quelqu'un, ou avoir envie d'hiberner, ou de bouger en été… Pour vous reconnecter à votre instinct, pratiquez la méditation suivante !

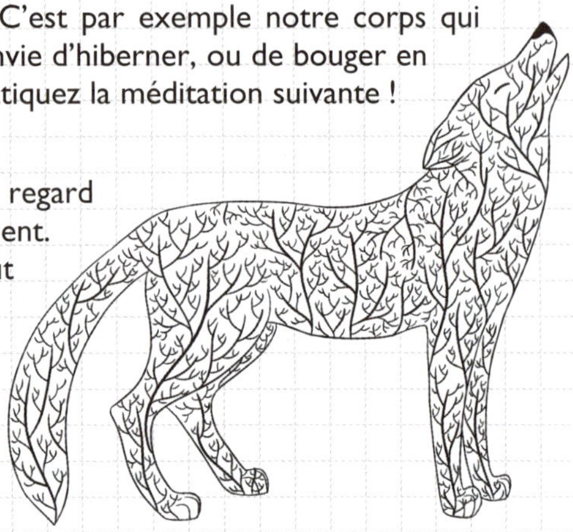

Je me relie à l'esprit du loup

Le loup peuple notre imaginaire depuis l'enfance : regard insondable, crocs acérés, fulgurance du mouvement. Les contes parlent du méchant loup dont il faut se méfier, comme cet instinct sauvage que l'on tient à distance. Lorsque l'on s'intéresse de près à l'organisation d'une meute, on voit que le loup est proche de l'homme : il est fidèle et s'unit pour la vie, au sein de la meute les liens familiaux sont forts et en même temps, le loup solitaire hurlant à la lune existe aussi. C'est là l'un des enseignements du loup : il montre que nous pouvons vivre en société avec un fort désir d'individualité, l'envie de réaliser ses propres rêves. Le loup semble nous dire : « Ni dieu ni maître, trace ta route ! » C'est donc un animal totem puissant pour vous reconnecter à votre part sauvage.

Après avoir ouvert un espace sacré chez vous (voir page précédente), installez-vous confortablement, assise en posture de méditation ou bien allongée (le plus confortable pour vous). Fermez les yeux et concentrez-vous sur votre respiration. Imaginez que vous êtes dans la nature, en forêt. Une forêt dense, sombre. Vous y êtes bien, en confiance. Prenez le temps de détailler votre environnement : le type d'arbres, les bruits ambiants, la qualité du sol. Imprégnez-vous de cet environnement. Puis, progressivement, invitez un loup à venir à votre rencontre. Peut-être que cela va prendre quelques minutes. Ne brusquez pas la rencontre, laissez le loup venir à vous, il arrivera au bon moment. Lorsqu'il se présente à vous, observez-le : quelle est son attitude ? Est-il pacifique ou agressif ? Est-ce un loup ou une louve ? Est-il blanc, noir ou gris ? Restez connectée à votre respiration tout en glissant plus profondément dans vos profondeurs. Qu'est-ce que ce loup, votre loup, vient vous dire ? Cela peut être un message très ciblé et très personnel. Ou bien il vous demande : « Qui es-tu quand tu cesses de vouloir plaire ? » Laissez résonner cette question et surtout, laissez émerger tous les mots, images, associations d'idées qui viennent spontanément, sans filtrer. Lorsque vous aurez intégré le

Le message de mon loup totem

....

....

....

....

message, remerciez le loup de vous avoir accompagnée dans cette reconnexion avec votre féminité sauvage. Portez votre attention à votre respiration et à vos sensations corporelles, en commençant par bouger doucement vos mains et vos pieds. Lorsque vous êtes prête, rouvrez les yeux et notez les sensations vécues durant cette méditation, ainsi que le message délivré par le loup. Vous pourrez y revenir chaque fois que vous vous sentirez déconnectée de votre femme instinctive.

Woman × nature

La femme sauvage vit en connexion avec la nature. Et si la défense des droits des femmes et la défense de l'environnement étaient un même combat : l'écoféminisme ? Ce mouvement anglo-saxon est né dans les années 1970-1980, réunissant des féministes pacifistes et antinucléaires qui s'élevaient alors contre le danger nucléaire, la pollution mais aussi la guerre dans le contexte de la guerre froide. Le mouvement s'est diffusé partout dans le monde et s'est divisé en plusieurs courants. Parmi les grandes figures de l'écoféminisme : Starhawk, qui l'a initié aux États-Unis, ou encore Vandana Shiva, célèbre pour son combat en Inde, notamment contre l'utilisation massive des produits Monsanto (dont la toxicité est aujourd'hui avérée) dans l'agriculture.

L'idée de l'écoféminisme ? La destruction de la nature et l'oppression des femmes sont des phénomènes interdépendants et ont une racine commune : le système patriarcal et capitaliste. Lors des récentes marches pour le climat en France, on pouvait lire sur les pancartes des slogans tels que « Pubis et forêts, arrêtons de tout raser ». Ainsi les écoféministes aspirent à abolir toute forme de hiérarchie et d'oppression (classes, sexes, peuples). C'est un mouvement qui prône un réenchantement du monde, notamment en se changeant soi-même pour impulser un changement de système. Se réapproprier son corps, réhabiliter la Terre : ces objectifs au cœur du mouvement écoféministe s'incarnent au travers des figures de la sorcière et de la guérisseuse.

Je mets en œuvre mon « pouvoir du dedans »

Dès les années 1970, Starhawk en appelait à une puissante transformation intérieure qu'elle nommait le « pouvoir du dedans », c'est-à-dire la capacité de se transformer soi-même pour transformer sa communauté et sa culture. De manière assez novatrice, elle exprimait alors ce que l'on sait aujourd'hui : nos pensées créant notre réalité, modifions notre manière de penser et nous transformerons notre réalité ! Pour cette activiste sorcière néopaïenne, nous pouvons avoir recours à la magie, notre magie personnelle. Celle-ci fait appel au pouvoir de visualisation ; il s'agit de créer une vision et de l'incarner. Cette vision peut être personnelle, mais aussi collective ; les écoféministes par exemple invitent à créer la vision d'un avenir écologique viable pour les générations futures. Comment faire concrètement ? Dans ce livre, vous pourrez définir votre vision et l'incarner au travers de rituels, notamment des rituels saisonniers et des visualisations guidées par des totems animaux, végétaux et minéraux. Les rituels ont un vrai pouvoir de transformation puisque nous les chargeons d'une conviction profonde en synergie avec les forces de la nature, ce qui leur confère une puissance magique !

La sorcière, archétype de la femme sauvage

Vous pensiez que la sorcière n'existait que dans les contes ? Eh bien non ! Après des siècles de persécution, les sorcières osent sortir du bois et, comme à leur habitude, elles bousculent les conventions sociales. Bien loin de vieilles femmes au nez crochu et au chapeau pointu, elles étaient des sages-femmes, des guérisseuses, elles détenaient le savoir des plantes et des cycles (lunaire, naturel, féminin). On avait recours à leurs services lorsque l'on était malade, pour les accouchements ou pour réguler les naissances.

Parce qu'elles détenaient le savoir des simples (plantes médicinales), un savoir ancestral qui se transmettait de femme en femme, parce qu'elles étaient souvent veuves ou célibataires, elles étaient libres et donc subversives aux yeux d'un pouvoir reposant sur les hommes et la nécessité de faire des enfants.

D'où vient la chasse aux sorcières ?

On situe traditionnellement la chasse aux sorcières au Moyen Âge, mais en réalité, les persécutions se sont institutionnalisées à la Renaissance. Cette précision historique n'est pas anodine puisque c'est à cette époque que le pouvoir royal s'est renforcé et centralisé. Il avait besoin d'hommes pour travailler la terre et faire la guerre, il fallait donc endiguer la régulation des naissances. C'est aussi l'époque de l'émergence d'une médecine moderne, avec le Collège des médecins, qui avaient besoin pour exister de patients. Or les gens avaient coutume d'aller voir la guérisseuse du village. Ajoutons à cela la diabolisation de la femme par l'Église catholique, avec la figure d'Ève responsable du paradis perdu, et nous avons tous les ingrédients pour une chasse aux sorcières. En Europe, entre le Xe et le XVIIIe siècle, ce sont un demi-million de femmes qui ont été brûlées et pourtant, ce féminicide n'est pas reconnu aujourd'hui.

Une figure d'empowerment au féminin

Qui est la sorcière d'aujourd'hui ? À la fois plurielle et singulière, elle parle à chaque femme différemment. Chacune peut se l'approprier et trouver en soi sa part de sorcière. Parmi ses mille visages, c'est surtout sa liberté farouche, sa puissance sauvage et son savoir ancestral qui guident et inspirent les femmes aujourd'hui. À votre tour de vous emparer de cette icône féministe pour vous affranchir des codes sociétaux ! Quels sont les diktats qui vous enferment et dont vous pouvez vous libérer ? Notez tout ce qui vous vient à l'esprit !

Les diktats que j'ai intégrés de façon inconsciente

- ❑ La féminité, c'est porter une jupe et être maquillée.
- ❑ Pour être belle, je dois surveiller mon poids.
- ❑ Si je m'énerve trop, on va me traiter d'hystérique.
- ❑ Si je m'habille trop sexy, des hommes vont se sentir autorisés à faire des réflexions dans la rue. Cela conditionne mes choix de vêtements.
- ❑ ....

J'invoque ma propre magie !

Qui dit sorcière dit magie. La vraie magie de la sorcière, c'est l'art de la transformation (de soi-même !). La sorcière nous apprend à prendre en main notre destin pour en devenir pleinement actrice. Écouter sa sorcière intérieure, c'est se choisir soi-même en s'engageant dans sa propre voie, quitte à la créer si elle n'existe pas encore !

Mon rituel de libération

Après avoir dressé la liste des diktats dans lesquels vous êtes enfermée, vous allez maintenant procéder à un rituel de libération. Pour cela, vous avez besoin d'une bougie ou d'un briquet. Ouvrez un espace sacré en purifiant votre espace (voir p. 9). Sur une feuille de papier, écrivez des mantras pour vous libérer de ces injonctions que vous avez intégrées de manière inconsciente. Puis récitez ces mantras à voix haute, en brûlant la feuille. Finissez le rituel en remerciant toutes les femmes qui ont lutté pour leurs droits. Prenez le temps de sentir que vous faites partie d'une vaste communauté de femmes reliées dans la sororité.

Mes mantras pour me libérer des diktats

- ❑ Je cesse d'être gentille pour être authentique !
- ❑ J'arrête de vouloir plaire aux dépens de qui je suis !
- ❑ Je suis libre et souveraine !
- ❑ ....
- ❑ ....

Chapitre 2

Je reprends contact avec mon corps de femme

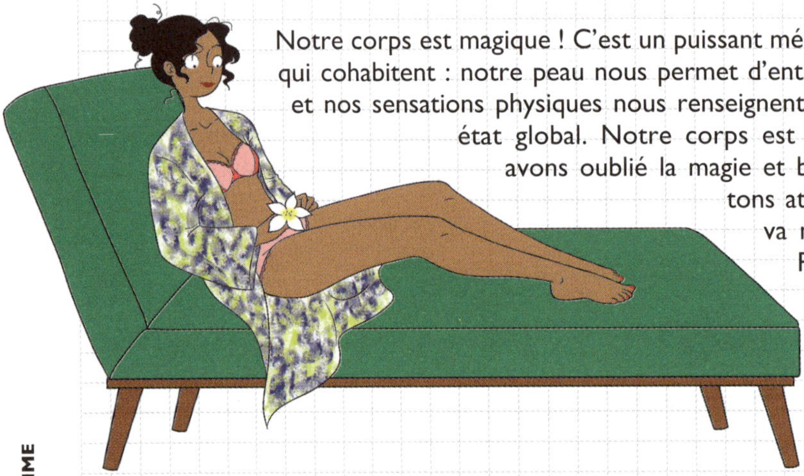

Notre corps est magique ! C'est un puissant médiateur entre deux mondes qui cohabitent : notre peau nous permet d'entrer en lien avec l'extérieur et nos sensations physiques nous renseignent en permanence sur notre état global. Notre corps est un instrument dont nous avons oublié la magie et bien souvent, nous lui prêtons attention seulement lorsqu'il va mal et qu'il sonne l'alerte. Pourtant, notre corps est intuitif, il nous connecte instantanément à notre femme sauvage.

J'habite un corps de femme...

Une affirmation qui semble évidente et pourtant ! Nombre de femmes méconnaissent leur corps alors même qu'il est omniprésent dans notre société (affiches de lingerie…). Selon le Haut Conseil à l'égalité, un quart des adolescentes de 15 ans ne savent pas qu'elles ont un clitoris et 83 % n'en connaissent pas la fonction ; 84 % des filles de 13 ans ne savent pas comment représenter leur sexe alors qu'elles sont 53 % à savoir représenter le sexe masculin. Il est donc plus que temps d'apprendre à connaître son corps, visuellement et physiologiquement, pour enfin l'aimer et l'embrasser dans toute sa beauté organique !

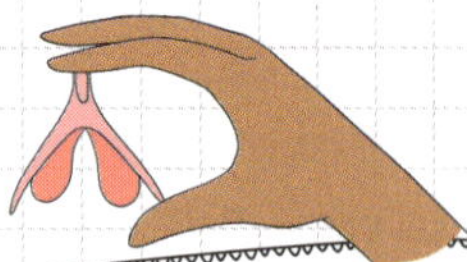

Le clitoris n'est entré dans les manuels scolaires que depuis 2017, dans les ouvrages d'une seule maison d'édition (Magnard).

Pourquoi me reconnecter à mon corps de femme ?

Parce qu'il est votre instrument de magie ! Se réapproprier son corps est un premier pas vers la liberté, la responsabilité et la jouissance personnelle.

Être « souve-reine » en mon corps

Remarques déplacées dans la rue, examens gynécologiques pas toujours respectueux (actes brutaux ou pratiqués sans consentement, propos déplacés, sexistes, violents) : autant de moments où nous sentons notre corps et notre intimité malmenés. Or, connaître son corps et son anatomie, c'est s'en réapproprier la souveraineté. Cela permet d'oser dire non et refuser un acte gynécologique douloureux, d'affirmer ses ressentis et ses choix. Osez déclarer que vous êtes « souve-reine » en votre corps et qu'à ce titre, vous seule pouvez décider de ce qui est bon pour vous ou pas ! Lorsqu'une femme se connaît physiquement, elle fait confiance à ses sensations corporelles ainsi qu'à son intuition quand elle sent que ce qu'elle subit n'est pas respectueux d'elle-même.

Être souveraine en son corps, c'est aussi reprendre ce qui a été volé aux femmes : la connaissance du corps féminin est un savoir ancestral qui se transmettait de femme en femme, de mère en fille. C'est une voie de libération et de responsabilité qui permet de prendre les décisions justes pour soi-même et de jouir pleinement de son corps. Ce savoir permet de débattre de la contraception féminine, des protections périodiques ou encore de la manière d'accoucher, alors que ces sujets n'étaient pas questionnés il y a encore quelques années.

Pour jouir de mon corps

Le mot « jouissance » est souvent associé à l'acte sexuel, pourtant il trouve son origine dans le latin *gaudere* qui veut dire « se réjouir, éprouver une joie intime ». Et pour cause, notre corps est source de réjouissance !

Grâce au bien-être et au confort

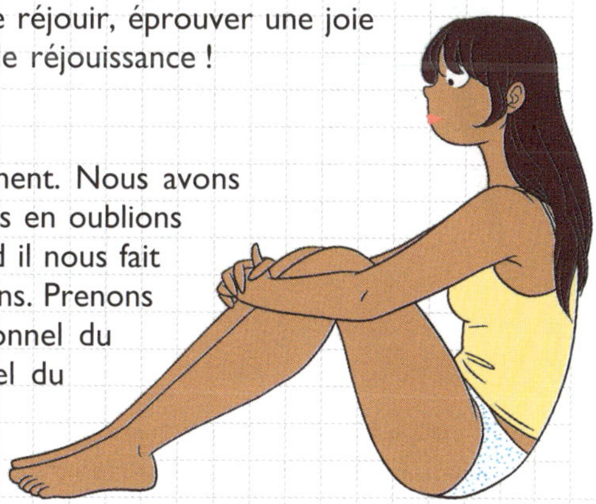

Nous nous servons de notre corps quotidiennement. Nous avons tellement l'habitude qu'il fonctionne bien que nous en oublions son incroyable intelligence et lui en voulons quand il nous fait souffrir et ne marche plus comme nous le voudrions. Prenons quelques instants pour savourer le plaisir fonctionnel du corps. Qu'est-ce que c'est ? Le plaisir fonctionnel du corps est le bien-être global que nous ressentons lorsque notre corps fonctionne bien : une digestion fluide, une respiration ample, des mains qui

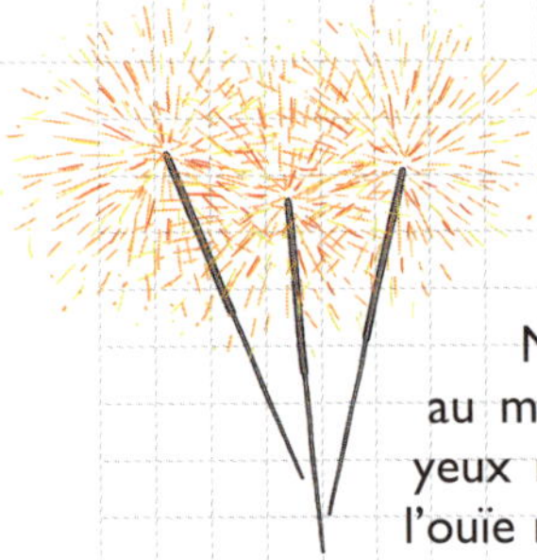

saisissent les objets, des pieds qui soutiennent une marche dynamique, un corps aux mouvements déliés qui se sent pleinement vivant !

Grâce à plein de sensations !

Notre corps est vivant et vibrant, à l'image des 5 sens qui nous relient au monde extérieur en permanence, pour notre plus grand plaisir : nos yeux nous offrent la beauté du monde, le goût nous permet de savourer, l'ouïe nous régale de toute la palette sonore qui nous entoure, l'odorat nous ouvre au ravissement d'une fleur ou d'une pâtisserie, quant au toucher… ah, le toucher ! Pour vous montrer à quel point tout votre corps est jouissif, sachez que l'on compte, en moyenne, 230 récepteurs sensoriels par centimètre carré de peau !

Grâce à mon intimité

En matière de plaisir, le corps de la femme a une spécificité extraordinaire : nous disposons, mesdames, du seul organe totalement dédié au plaisir, le clitoris ! Ce bel organe a longtemps été un mystère car on n'en voit qu'une infime partie. À l'intérieur, il est en effet composé de deux piliers de 10 centimètres environ, qui reposent de part et d'autre du sexe et participent à l'orgasme vaginal. Car lorsqu'il est excité, le clitoris se gorge de sang et s'allonge. Quant au petit bouton du clitoris à l'extérieur, que l'on appelle le gland, il contient plus de 8 000 terminaisons nerveuses, là où le gland de l'homme n'en compte que 3 000 à 4 000.

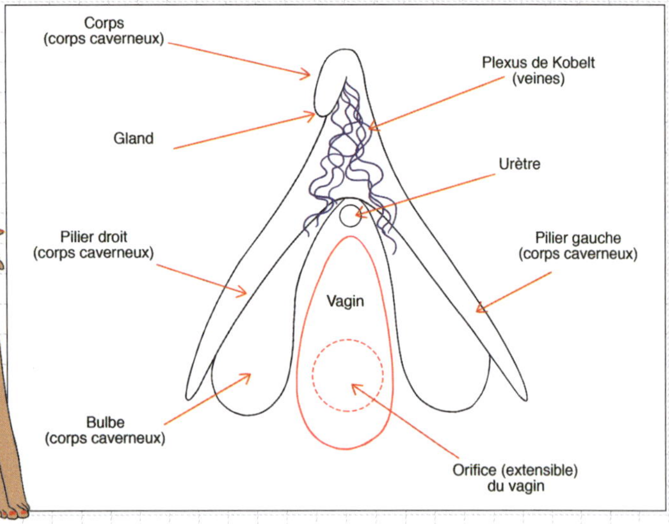

Pour honorer ma femme divine

Eh oui, votre corps est merveilleux, c'est un temple et il mérite qu'on y entre avec respect. Le sanskrit (une langue indo-européenne autrefois parlée sur le sous-continent indien) a un mot pour désigner notre jardin d'Éden de manière poétique : la yoni. Elle est associée à la shakti, qui est l'énergie vitale féminine. La shakti nous invite à nous connecter à la puissance de notre yoni, à notre puissance de femme, à la déesse en nous. « La déesse en moi ? » Oui, tout à fait ! Nous sommes toutes d'essence divine, car nous sommes toutes uniques. À l'image d'une fleur, d'une pierre précieuse, rien dans la nature n'est identique et tout est beau, comme nous. La femme sauvage vit en connexion avec la nature, elle a conscience de sa beauté singulière. Elle tire son unicité de la connaissance de son corps (voir p. 19) et de sa confiance en elle (voir p. 31).

Mon rituel de connexion à ma yoni

Prévoyez une feuille de papier, des crayons de couleur, des feutres ou de la peinture et ouvrez un espace sacré chez vous : allumez des bougies, mettez une musique que vous aimez, entourez-vous d'objets rituels qui vous plaisent. Créez une ambiance propice à la détente et à la méditation.

Asseyez-vous confortablement et fermez les yeux quelques instants. Revenez à votre respiration, sentez la poitrine qui monte à l'inspiration et qui descend à l'expiration, le va-et-vient de votre souffle qui vous enracine dans votre bassin, le contact de votre yoni avec le support sur lequel vous êtes assise. Dessinez spontanément votre sexe (intérieur et/ou extérieur), de manière anatomique ou bien imagée. Ne vous préoccupez pas de savoir si vous dessinez bien ou pas, c'est votre dessin, votre yoni, tout cela vous appartient et fait partie intégrante de votre intimité.

Une fois votre dessin terminé, ouvrez les yeux et contemplez votre œuvre. Prenez le temps de la détailler, de sentir ce que cela provoque en vous, laissez-vous traverser par vos sensations. Puis récitez ce mantra : « Ceci est mon temple intérieur, le siège de ma puissance et de mon intimité souveraine, pour qui j'ai un amour sincère et bienveillant. »

Je me connecte à ma cosmologie corporelle

Telle une exploratrice débarquée sur une terre récemment découverte, vous allez explorer votre corps grâce à un exercice de yoga nidra. Le yoga nidra est une pratique de relaxation profonde à l'aide de visualisations. C'est aussi un bon moyen d'entrer en relation avec ses sensations et son corps. Sacralisez 30 minutes pour cet exercice, dans un lieu confortable où vous ne serez pas interrompue. Tamisez la lumière, mettez éventuellement une musique d'ambiance et allongez-vous au sol sur un tapis. Si, en fin de journée, la position allongée sur le dos est inconfortable pour vous, glissez un gros coussin sous vos cuisses pour soulager vos lombaires.

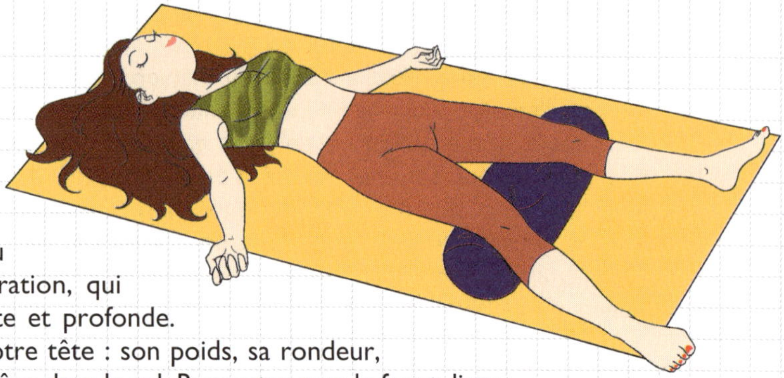

Ma séance de yoga nidra

1. Allongée, les bras le long du corps, paumes tournées vers le ciel, laissez votre corps se déposer au sol en suivant votre respiration, qui se fait de plus en plus lente et profonde. Portez votre attention à votre tête : son poids, sa rondeur, l'empreinte du bombé du crâne dans le sol. Remontez vers le front, lisse ; nulle trace de soucis à cet instant présent. Vos yeux se reposent derrière vos paupières closes. Vous êtes en repos du monde extérieur pour revenir à vous.

2. Sous vos yeux, vos narines se dilatent au gré de votre souffle vital, qui circule librement. Placez votre langue contre les dents du haut et sentez le relâchement dans votre mâchoire. Les oreilles sont attentives à la palette sonore extérieure, mais aussi à votre propre musicalité. Vous êtes à l'écoute de votre symphonie intérieure, unique, belle, sensorielle.

3. Mentalement, visualisez la descente le long de votre nuque, qui est comme un pont suspendu à l'architecture révolutionnaire. Avec l'expiration, descendez dans vos épaules (relâchez-les loin des oreilles et ressentez vos omoplates qui se coulent dans le sol) ; le sol, de plus en plus moelleux, accueille votre empreinte corporelle, qui commence à s'esquisser.

4. Portez votre attention sur vos bras, de part et d'autre du corps, lourds dans le sol ; la finesse du poignet, la délicatesse des doigts et la sensorialité des paumes ; une douce chaleur irradie au creux des paumes.

5. Votre poitrine, tel le mouvement des vagues de l'océan, se lève et s'abaisse au fil de votre respiration. Dans votre poitrine, vous sentez votre cœur qui bat : prêtez l'oreille et entendez sa musicalité. Intérieurement, remerciez votre cœur pour ses pulsations de vie, pour l'amour qu'il contient et diffuse.

6. Continuez l'exploration en descendant dans votre ventre : vous rencontrez vos viscères, tous les organes de la digestion, massés par votre respiration grâce à l'action du diaphragme et du plancher pelvien, comme un orchestre parfaitement coordonné. Remerciez votre ventre, ce deuxième cerveau qui digère si humblement les nourritures terrestres, mais aussi les émotions.

7. Rencontrez maintenant votre bassin, visualisez votre chaudron magique, au cœur de votre féminité : utérus, vagin, périnée. Lieu de vie, d'amour et d'élimination. Notre corps sait instinctivement éliminer tout ce qui n'a plus lieu d'être, il a cette capacité unique à faire peau neuve. Dites-lui merci pour cela : « Merci de participer à ma mue quotidienne. »

8. Enracinée dans votre bassin, descendez le long de vos jambes. Prenez conscience de leur longueur, de leur poids, de leur densité. Vos jambes qui vous portent quotidiennement, la mobilité de la rotule qui offre la fluidité du mouvement ; la finesse de vos chevilles, comme un arc voûté de cathédrale jusqu'à vos pieds ; la sensibilité de la voûte plantaire, le miracle quotidien de la marche, de vous tenir debout. Explorez vos pieds dans leur longueur et leur largeur, l'espace entre vos orteils.

9. Demeurez allongée et savourez ce vaste paysage que vous êtes, vos reliefs, le plaisir d'avoir un corps fonctionnel, la sensation d'être une étoile au sein d'une constellation. Ressentez de la gratitude et de l'amour pour votre corps.

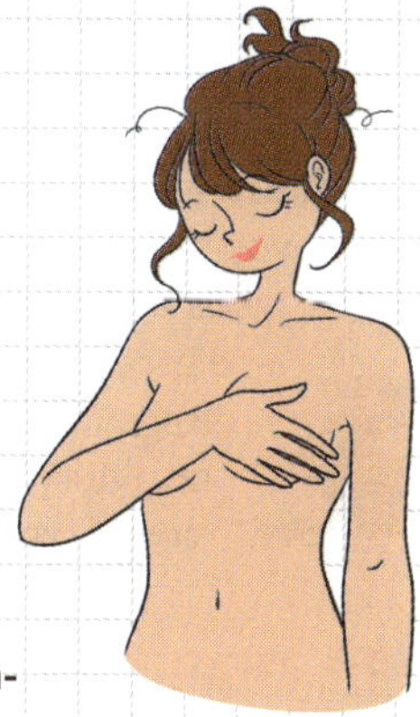

J'explore mon corps de femme

Je materne mes seins

Anatomiquement, les seins sont composés d'une glande mammaire, de ligaments de soutien et de graisse (tissus adipeux). Le tout est recouvert par la peau. La quantité de chacune de ces composantes peut varier d'une femme à l'autre. Le sein est situé par-dessus le muscle pectoral. On trouve également dans le sein des nerfs, des vaisseaux sanguins et lymphatiques. La glande mammaire est divisée en 15 à 20 sections appelées lobes, qui sont reliés entre eux par des canaux se rejoignant au mamelon. La taille des seins varie au cours du cycle menstruel, lors de la grossesse et avec les années qui passent, car ils sont sensibles aux changements hormonaux. Le sein a deux fonctions principales : participer au plaisir sexuel de la femme et permettre l'allaitement. Symboliquement, les seins renvoient donc à la féminité et à la maternité, au fait de prendre soin et de nourrir. Ils sont liés à l'affectif et au maternage.

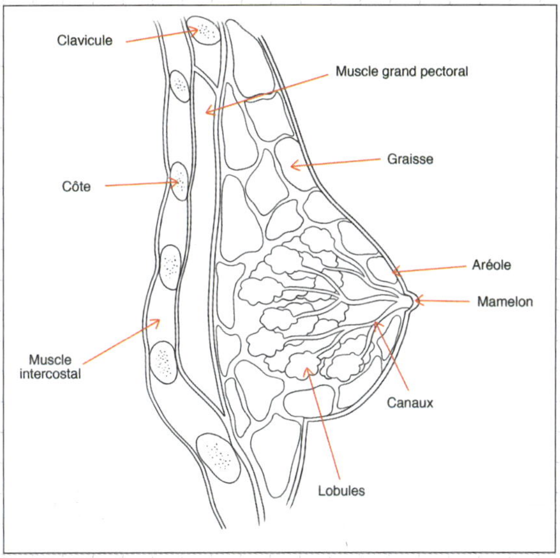

Il est tout à fait normal d'avoir deux seins de taille ou de forme différente. Célébrez votre unicité et remerciez votre poésie singulière !

Mon rituel de connexion avec mes seins

Installez-vous confortablement face à un miroir et observez votre poitrine : son volume, sa forme, la taille et la couleur de vos mamelons, la taille de chacun de vos seins ; peut-être observez-vous un duvet ou quelques poils (ce n'est pas rare !). Prenez le temps de détailler vos seins, c'est peut-être la première fois pour vous. Faites-le avec curiosité, bienveillance et amour. Soupesez aussi vos seins en plaçant délicatement vos mains en coupe dessous.

Fermez ensuite les yeux en gardant les mains déposées sur votre poitrine et explorez votre rapport à vos seins. Qu'est-ce que vous vous êtes dit depuis votre puberté ? Seins trop petits, poitrine trop généreuse et pesante, féminine ou pas assez féminine, une forme qui correspond ou pas à ce que vous aimez… La culture sociale diffuse en permanence une image de la poitrine idéale et cela génère souvent des complexes ; essayez de les nommer pour vous-même.

Rouvrez les yeux et observez à nouveau votre poitrine avec amour. Oui, dites merci à vos seins pour leur moelleux, leur rondeur, leur sensibilité au toucher, leur réactivité sous les mains de votre partenaire ou au contact d'une brise fraîche. Remerciez-les d'être uniques.

Régulièrement, prenez un temps pour materner vos seins en vous massant avec de l'huile biologique neutre (coco, sésame, etc.) : suivez la courbure de votre corps, vos envies, faites confiance à votre intuition pour prendre soin de vous.

Mon yoga pour chouchouter mes seins

1. Placez-vous assise sur les talons, les cuisses écartées et les talons proches, le buste redressé, la colonne érigée. Si cette posture est inconfortable, mettez un coussin entre votre fessier et vos talons, ou installez-vous en tailleur sur un coussin pour être bien droite.
2. À l'inspiration, placez les bras en chandelier, paumes dirigées vers l'avant. Veillez à ce que les coudes soient dans le prolongement des épaules, ainsi les bras dessinent une ligne horizontale.
3. À l'expiration, joignez les bras en chandelier devant le visage : les coudes et les mains se touchent ; ils exercent une pression que vous ressentez jusque dans vos épaules.
4. À l'inspiration, gardez cette pression des mains et des coudes en levant en flèche vos mains vers le ciel.
5. Expirez : les mains redescendent devant le visage.
6. Inspirez : les bras s'ouvrent de nouveau en chandelier.

Vous pouvez pratiquer cet enchaînement 5 à 10 fois selon l'envie et l'énergie. Il entretient la tonicité des seins.

Je me connecte à mon chaudron sacré : mon utérus

L'utérus est un organe mesurant 8 centimètres, soit environ la taille d'une orange. Pour vous représenter votre utérus, imaginez un triangle avec une pointe vers le bas et deux tubes fins de part et d'autre de la partie supérieure : ce sont les tubes utérins (ou trompes de Fallope), dont le rôle est de conduire les ovules des ovaires à l'utérus. À l'extrémité des tubes utérins, on trouve de petites franges qui bordent les ovaires. En descendant, on rencontre le col de l'utérus et le vagin. L'utérus a des parois musculeuses très épaisses ; c'est la mobilisation de ces muscles qui permet l'évacuation du sang menstruel chaque mois. La paroi utérine est constituée de plusieurs couches ; la couche interne, l'endomètre, joue un rôle central lors des règles : tous les mois, elle s'étend et s'épaissit. Lorsque la fécondation n'a pas lieu, elle est expulsée de l'utérus. Celui-ci a pour rôle principal d'accueillir un enfant et pour cela, il se modèle pour laisser la vie fleurir : de 8 centimètres, il s'étire pour atteindre 32 à 35 centimètres en fin de grossesse ! Au cours des semaines qui suivent l'accouchement, cet organe extraordinaire reprend sa forme initiale. L'utérus est donc une sorte de réceptacle, un chaudron magique qui accueille la vie, mais pas seulement ; c'est aussi le lieu de notre créativité, le siège de nos désirs, le chaudron magique où mijotent nos projets !

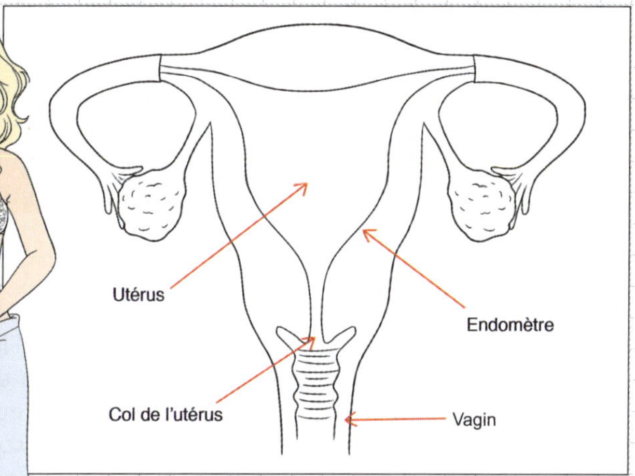

Le symbole de mes envies et de qui je suis

Du point de vue énergétique, l'utérus se situe au niveau du chakra sacré, svadhisthana, qui signifie « la demeure du soi ». Siège de nos émotions, il est lié à l'élément eau, à l'image du liquide dans lequel nous baignons toutes durant notre vie intra-utérine. La couleur qui lui est associée est l'orange, une couleur chaleureuse, enrobante. Il symbolise la vie, la création, la procréation, le siège de notre sensualité, de nos désirs et plus généralement de notre goût pour la vie et tous les plaisirs qui y sont associés. Il régit aussi le principe de renaissance perpétuelle, de cycle de la vie et de purification, très présent chez la femme avec le cycle menstruel et l'utérus qui fait peau neuve chaque mois. Si l'utérus peut abriter la vie d'un enfant, c'est aussi plus largement le lieu de la créativité, de nos projets. Souvent, nous concevons ces derniers avec notre mental, mais nous pouvons aussi les concevoir dans notre matrice, en lien avec notre intuition, nourrie par nos envies.

Mon yoga pour me connecter à mon chaudron magique

Savasana

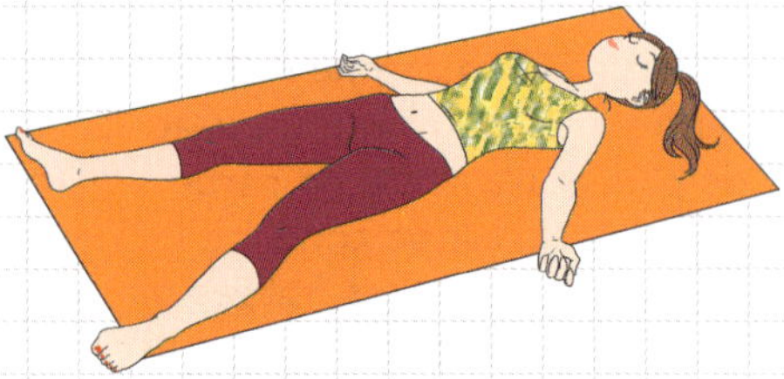

Allongée sur le sol, déposez votre corps de tout son poids, pour inscrire son empreinte dans le tapis. Centrez-vous sur votre respiration, que vous amenez progressivement au niveau de votre ventre. À l'inspiration, le ventre se gonfle légèrement ; à l'expiration, il se retire naturellement.

La grenouille allongée

Fléchissez les jambes pour déposer vos pieds à plat devant le bassin, les talons assez proches du fessier et les jambes écartées de la largeur de votre bassin (qui correspond à un poing fermé entre vos deux jambes). Laissez vos genoux s'ouvrir sur les côtés, collez vos plantes de pied et déposez les mains sur vos aines.

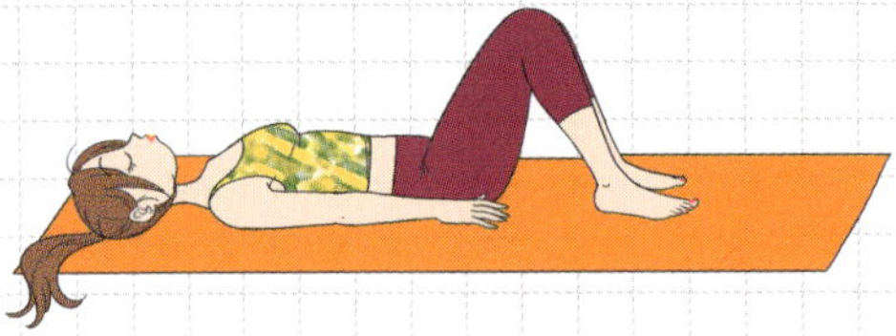

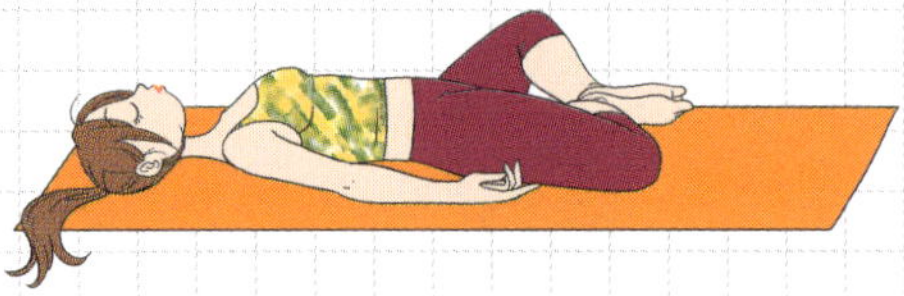

Le demi-pont

À l'expiration, montez le bassin vers le plafond. À l'inspiration, redescendez en déroulant votre dos du haut vers le bas. Répétez l'exercice entre 3 et 5 fois avant de laisser glisser vos jambes au sol pour vous allonger et demeurer en savasana pendant 3 respirations.

Chat-chien

Roulez sur un côté pour vous placer à quatre pattes, les genoux à l'aplomb des hanches et les mains à l'aplomb des épaules, dos parallèle au sol. À l'expiration, le mouvement part du bassin : celui-ci s'enroule vers l'intérieur, le haut du dos s'arrondit et vous regardez votre nombril. À l'inspiration, le bassin se déroule dans l'autre sens, le haut du dos se creuse et vous regardez devant vous. Répétez les mouvements pendant 5 respirations.

Le hula hoop yogique

Mettez-vous debout, les jambes écartées de la largeur des épaules, et dessinez de grands cercles avec le bassin dans un sens, puis dans l'autre (environ 5 fois de chaque côté.)

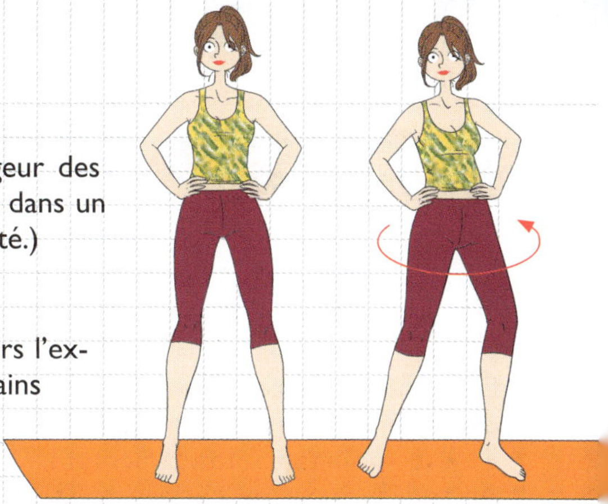

La posture de la déesse Durga

Écartez largement les jambes et tournez les pieds vers l'extérieur, puis fléchissez les jambes et placez vos mains en yoni mudra au niveau du bas-ventre : elles forment un losange, les pouces se touchant au niveau du nombril et les index au niveau du pubis.

Maintenez la posture pendant 5 respirations profondes, en insistant sur les expirations, qui viennent s'enraciner au creux de votre bassin, dans votre matrice.

Finissez la séance avec le rituel de reliance à votre utérus (ci-dessous).

Qu'est-ce qu'une mudra ?
« Mudra » est un terme sanskrit qui désigne une position symbolique et codifiée des mains. Il existe de nombreuses mudras et leur origine est très ancienne, puisqu'elle remonte à l'époque védique (du IIe au VIe siècle av. J.-C.). « Yoni » signifie « utérus » en sanskrit : la yoni mudra est donc la mudra des femmes ! Elle symbolise l'origine de la vie, la fertilité et l'énergie féminine favorisant la montée de la shakti (l'énergie vitale féminine) dans le corps.

Mon rituel de reliance à mon utérus

Pour ce rituel, prévoyez un coussin, un châle orange, un carnet et un stylo, éventuellement une musique qui favorise la méditation et un cristal orange (cornaline, pierre de soleil), qui est la couleur associée au chakra correspondant (chakra sacré). Les pierres orange agissent sur la créativité, la confiance en soi, la naissance d'un projet et plus généralement sur les plaisirs de la vie.

Let's go !

Asseyez-vous au sol sur le coussin, avec votre châle orange qui vous enrobe et vous connecte à votre chakra sacré. Encore empreinte des effets de la séance de yoga et notamment de la yoni mudra, vous allez vous relier à votre utérus.

Situez mentalement son emplacement dans votre corps, imaginez-le de l'intérieur. Visualisez une graine au sein de votre matrice. Cette graine symbolise un projet, une envie que vous souhaitez voir germer dans votre vie : rencontrer l'amour, changer de travail, lancer votre boîte, écrire un livre, avoir un enfant… Laissez grandir en vous ce désir d'impulser un changement ou de mener à bien un projet et

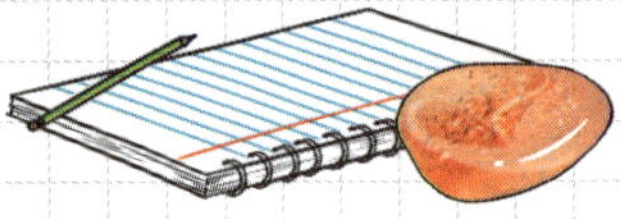

pensez-y comme s'il se réalisait déjà au présent. Prenez ensuite le temps de noter votre vision pour la concrétiser et l'incarner. Remerciez votre utérus d'être cette matrice créatrice et de porter votre projet !

Je me relie à mon vortex sacré : le périnée

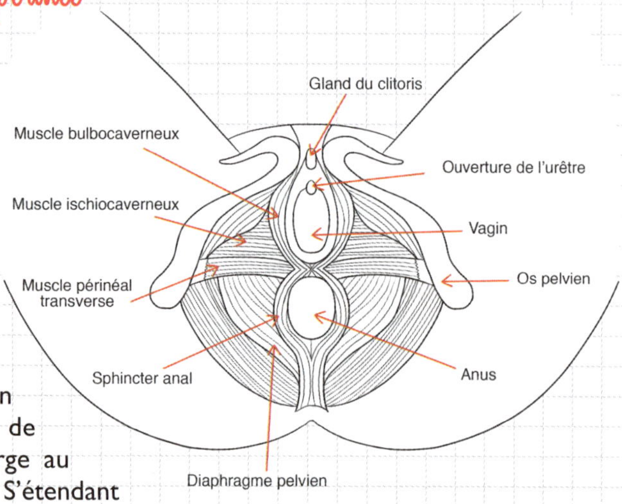

Le périnée est encore, pour beaucoup d'entre nous, un grand inconnu ; il est pourtant fondamental ! Anatomiquement, le périnée n'est pas qu'un muscle, c'est un ensemble de 12 muscles qui tapissent le fond du bassin et entourent avec tout leur amour le clitoris, le méat urinaire, le vagin et l'anus. D'où l'image du vortex, car ces 12 muscles s'articulent latéralement et horizontalement, dessinant un 8 (ou le symbole de l'infini) qui converge au centre tendineux. S'étendant du pubis au coccyx, il forme une sorte de hamac solide qui lui vaut le nom de « plancher pelvien » car il soutient 3 organes lourds : l'urètre, le col de l'utérus et l'anus.

Le symbole de notre place et de notre force

Symboliquement, le périnée est la porte sacrée de notre corps puisqu'il accueille l'amour de notre partenaire par le vagin et la vie lors de l'accouchement. Du point de vue énergétique, il est associé au chakra racine, muladdhara, dont la couleur est le rouge, un rouge passion qui nous relie à l'amour et la sexualité. Ce chakra évoque notre lien à la Terre, notre ancrage, notre incarnation, le monde matériel sur lequel s'appuyer. Un périnée heureux parle donc de notre enracinement sur Terre, de notre place et de la circulation fluide de ces énergies.

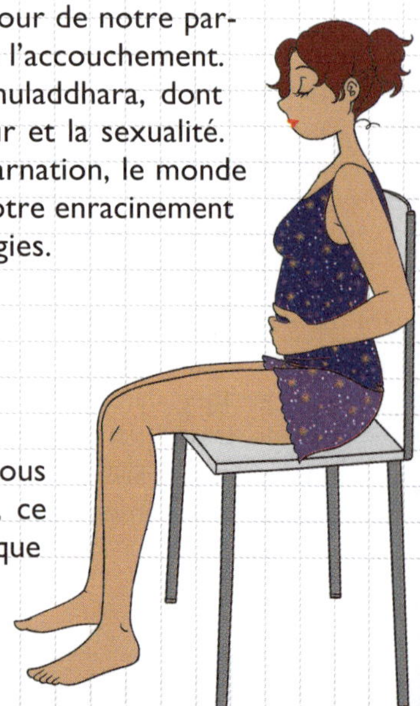

Top 4 des bons réflexes pour prendre soin de mon périnée au quotidien

1. Je respire en profondeur

Le périnée porte aussi le nom de « diaphragme pelvien », qui nous rappelle qu'il travaille en synergie avec le diaphragme thoracique, ce grand muscle de la respiration. À l'inspiration, le diaphragme thoracique s'abaisse, dirigeant vers le bas nos viscères, qui appuient sur le périnée ; à l'expiration, le tout remonte. Nos organes abdominaux sont donc en permanence massés par nos deux diaphragmes, d'où l'importance d'une respiration profonde et abdominale.

→ Vous allez pouvoir en pratiquer une avec le rituel de reliance à votre périnée (ci-dessous).

2. Je respecte le rythme de mon corps

Notre rythme de vie a un impact sur nos chaînes musculaires ; le périnée ne fait pas exception. Stress, suractivité, surstimulation : notre corps sature et fatigue. Nous devrions lui donner du repos, mais souvent nous répondons par du café, du sucre et autres stimulants pour « tenir ». Or, tout est lié dans notre corps et si le système central fatigue, le périnée, dont le rôle est de soutenir les organes du bassin, va fatiguer lui aussi.

→ Respectez le rythme de votre corps en suivant votre cycle menstruel et le rythme annuel des saisons grâce aux deux prochains chapitres.

3. J'adopte une alimentation saine

Le périnée enrobe les organes de l'élimination (selles et urine). Une alimentation saine favorisant les fruits et les légumes facilite l'élimination. Cela est très lié à notre mode de vie et donc à notre rythme. Par manque de temps, il est tentant de se tourner vers des plats préparés, qui sont plus difficiles à digérer, donc à éliminer ! Retrouvez votre sagesse intérieure en vous cocoonant avec des repas équilibrés home made.

4. Je limite le port de talons

Qu'est-ce que les talons viennent faire ici, me direz-vous ? La hauteur des talons transfère le poids du corps vers l'avant des pieds, modifiant l'équilibre global : le bas du dos est davantage cambré, les fesses pointent vers l'arrière, le haut du dos et les épaules pointent vers l'avant… Conséquence ? Le bassin et le périnée se retrouvent à compenser pour rétablir un équilibre, les muscles et les ligaments fatiguent, le périnée s'affaiblit. La femme sauvage n'a que faire des talons et leur préfère les pieds nus pour courir dans les bois !

Mon rituel de reliance à mon périnée

Asseyez-vous en tailleur sur un coussin ou bien sur une chaise si cela est plus facile. Veillez à ce que votre dos soit bien droit et que vos épaules soient basses ; votre posture est redressée et détendue, vos mains sont déposées sur vos cuisses sans effort.

Fermez les yeux et portez votre attention sur votre respiration, la circulation et la fluidité du souffle dans votre buste. Placez votre respiration au niveau du ventre, sentez le ventre qui se déploie vers l'avant à l'inspiration et qui reflue à l'expiration. Laissez-vous aller à la marée de votre souffle.
Placez maintenant votre conscience sur votre périnée, qui exerce un appui sur le coussin. Sentez à l'inspiration l'appui plus fort et à l'expiration, votre plancher pelvien remonter. Continuez ainsi pendant 10 respirations afin de vous familiariser avec vos sensations. Sur une prochaine expiration, chantez le son « oooooommm » en le faisant partir de votre périnée ; vous allez sentir qu'il remonte et vibre, et cette vibration se diffusera dans tout votre corps. Chantez ainsi le son « om » 5 fois ou plus si le cœur vous y invite !

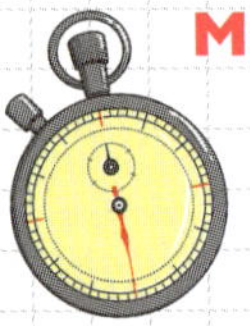

Ma posture de yoga de connexion à mon vortex sacré

Le périnée est un lieu intime en nous, il faut parfois du temps pour entamer un dialogue avec lui. Le yin yoga offre le temps de s'installer dans la posture pour pleinement ressentir. Nous allons pratiquer la posture du squat pendant 3 minutes.

Let's go !

1. Installez-vous accroupie, les jambes écartées pour placer vos bras entre les jambes. Soyez vigilante à garder le dos droit et la nuque dans le prolongement de la colonne. Si vos talons ne touchent pas le sol, vous pouvez glisser dessous une couverture roulée. Vous pouvez aussi installer un coussin sous le bassin si vous sentez que cela est nécessaire. Placez vos mains en padma mudra (mudra du lotus), qui signifie « le mystère qui est au cœur de toute chose » : les pouces et les auriculaires se touchent, ainsi que les poignets ; les autres doigts sont ouverts, formant avec vos mains une fleur. Vos mains symbolisent la coupe de votre périnée qui s'épanouit comme une fleur. Vous pouvez ajouter la respiration suivante pour stimuler votre chakra racine : à la fin de chaque inspiration, aspirez votre périnée vers le haut. Puis expirez en gardant le périnée resserré. Relâchez à l'issue de l'expiration et recommencez aussi longtemps que cela est confortable pour vous.
2. Pour finir, venez vous allonger sur le dos et déposez vos jambes tendues vers le haut contre un mur pour relâcher les tensions éventuelles, les mains en contact avec votre bas-ventre.

My body positive

Après cette exploration de votre galaxie corporelle, prenez-vous conscience de la magie de votre corps ? Aucun doute, nous sommes divines ! Et pourtant, de nombreuses femmes doutent encore. Selon un sondage de l'Ifop publié en juillet 2019, à peine 22 % des Françaises s'estiment jolies ! La comparaison est omniprésente : entre amies, collègues, avec les couvertures des magazines. Et si nous faisions un reset complet de nos croyances sur notre corps, ce qu'il doit être ou ne pas être ?

Le body positive, c'est quoi ?

Le body positive est un mouvement né aux États-Unis qui promeut l'acceptation de son corps tel qu'il est ; c'est une invitation à plus de bienveillance et d'amour de soi. Il s'agit aussi de remettre en question les canons sociétaux de la beauté pour mettre en valeur une beauté plurielle. Même si l'extrême minceur ne fait plus guère rêver, le modèle dominant reste une femme mince. Or, à l'heure de Photoshop, les images de femmes qui nous sont présentées sont irréelles et nous avons perdu la notion de ce qu'est un vrai corps, un organisme vivant fait de chair, de muscles, de graisse, en résumé de matière et de densité ! Ces images de femmes minces sans plis et sans reliefs nous conditionnent dès le plus jeune âge et impriment en nous un modèle de beauté. Cela a un impact évident sur les troubles de l'alimentation, mais aussi l'estime et la confiance en soi !

Les codes physiques que j'ai intégrés de manière inconsciente

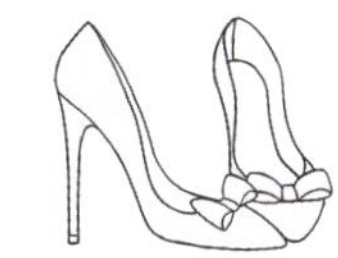

- ❑ Ventre plat
- ❑ Poitrine ronde et ferme
- ❑ Jambes fuselées sans cellulite
- ❑ Fesses rebondies et fermes
- ❑ Porter des talons pour affiner ma silhouette
- ❑ ....
- ❑ ....
- ❑ ....
- ❑ ....
- ❑ ....

Dans la peau de la femme sauvage

Fermez les yeux quelques instants et connectez-vous à la femme sauvage, imaginez-la. Comment est-elle physiquement ? Vous apparaît-elle longiligne, lisse, etc. ? Quels sont les

attributs de sa beauté ? Voyez-vous juste des morceaux d'elle ou bien une femme rayonnant de sa puissante liberté ? Là réside une clé fondamentale : notre liberté de corps et l'amour que nous portons à nous-mêmes ! Repensez à la sorcière : pourquoi est-elle toujours représentée vieille, sale et sans attributs féminins sexy ? Car elle ne cherche pas à plaire ! La sorcière nous invite à nous défaire des diktats sociétaux qui pèsent sur l'image de la beauté féminine au profit d'une célébration de notre propre beauté. La sorcière n'est pas nécessairement laide. Elle vient au contraire nous montrer qu'il s'agit de trouver notre propre beauté, intrinsèquement liée à notre rayonnement, à ce qui émane de chacune de nous !

4 étapes pour être libre dans mon corps !

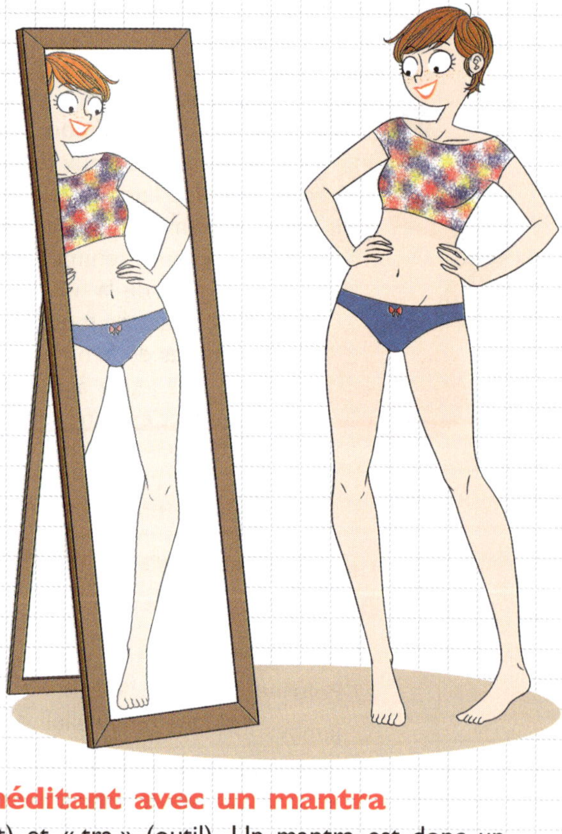

1. Je me réconcilie avec mon corps en m'observant dans le miroir

Sacralisez un moment de tranquillité où vous serez sûre de ne pas être dérangée. Placez-vous devant votre miroir, nue ou en sous-vêtements. Regardez-vous avec bienveillance et douceur, comme si vous regardiez une amie chère. Prenez le temps de vous détailler tout en envoyant une énergie d'amour envers chaque partie de votre corps, que vous l'aimiez ou pas. Dans un deuxième temps, regardez votre corps dans son entièreté, son harmonie et sa beauté globale. Laissez venir une sensation de paix profonde qui vous enrobe, puis glissez un châle sur vos épaules. De cet enserrement naît un enlacement : vous enlacez tout votre être dans un élan de réconciliation.

2. Je me choisis moi-même en méditant avec un mantra

« Mantra » vient du sanskrit « manas » (esprit) et « tra » (outil). Un mantra est donc un outil pour l'esprit. Il s'agit concrètement d'une vibration sonore et d'une affirmation positive qui permettent de canaliser son mental et d'engrammer ses intentions. Dans la tradition hindoue, il existe de nombreux mantras pour invoquer les divinités et demander leur aide. Mais vous pouvez aussi créer votre propre mantra self love : « Je m'aime telle que je suis », « Je suis absolument divine », « J'aime et je remercie mon corps », par exemple, pour activer votre magie.

Concrètement, pourquoi réciter une phrase positive va-t-il modifier votre rapport à votre corps ? Car la répétition permet de se reprogrammer ! Des chercheurs suédois ont analysé le cerveau de pratiquants, notamment la zone nommée « réseau du mode par défaut », qui s'active pendant nos phases de réflexion personnelle. Lorsque les sujets répétaient un mantra pendant une dizaine de minutes, la fameuse zone était plus inhibée, entraînant un apaisement global propice à la méditation. De plus, les affirmations positives travaillent directement auprès de notre inconscient et modifient ainsi nos croyances limitantes.

3. Je nourris ma sensualité en m'offrant un massage hebdomadaire

Vos 5 sens peuvent être une porte d'entrée vers le body positive car, comme nous l'avons vu, les sens nous procurent du plaisir à travers le corps, en particulier le toucher. Prenez donc le temps d'un automassage hebdomadaire, faites-en un rituel ! Si vous pouvez, massez l'ensemble de votre corps. Pas besoin d'avoir suivi une formation en massage pour s'y mettre ! Utilisez une huile biologique assez neutre, avec une odeur que vous aimez, que vous passerez sur vous avec des gestes circulaires doux et conscients, emplis d'amour envers vous-même et votre corps.

4. Je m'honore en prenant un bain rituel

Et si vous honoriez la déesse en vous en lui offrant un bain rituel : pétales de fleurs, sels de bain, cristaux (quartz rose, améthyste, pierre de lune, cornaline…) et bougies disposés autour de la baignoire, lumière tamisée et musique d'ambiance ? Un moment pour vous cocooner, mais pas seulement ! C'est un véritable rendez-vous durant lequel vous vous offrez un luxe, comme Cléopâtre s'offrait des bains de lait d'ânesse.

Bien dans mon corps et dans ma tête, je rayonne !

Vous avez appris à explorer votre corps, à prendre conscience de la manière dont vous le percevez et à vous réconcilier avec votre beauté singulière. Bravo ! Être bien dans son

corps est une première étape vers l'estime et la confiance en soi, pour accepter qui l'on est, atteindre l'harmonie corps-cœur-esprit et ainsi incarner cette femme sauvage à la puissance rayonnante.

Mes émotions s'inscrivent dans mon corps

Quelle magie merveilleuse que notre corps : son fonctionnement, sa fluidité, son mouvement de vie ! Il nous permet d'exprimer tant de choses, notamment nos émotions, qui en sont une émanation. La femme sauvage est cette femme passionnée et puissante qui vit ses émotions pour ce qu'elles sont : l'expression de son monde intérieur qui la relie à l'extérieur.

Une émotion, c'est quoi ?

« Émotion » vient du latin *emovere*, qui veut dire « mouvement ». Une émotion est donc un déclencheur, une énergie qui nous met en mouvement, nous pousse à agir. La réaction obtenue dépend de notre état d'esprit, de notre histoire personnelle, etc. En clair, ce qui vous énerve ou vous met en joie n'aura pas le même effet sur une autre personne.

Il existe 4 émotions principales, qui emmènent chacune dans une direction.

- La colère est un mouvement qui repousse et nous aide à définir nos limites.
- La joie est ce qui nous fait avancer et procure du plaisir, elle nous permet de persévérer et d'atteindre nos buts, mais aussi de savourer la vie.
- La tristesse est un mouvement qui nous entraîne vers le bas ; elle nous aide à libérer le trop-plein accumulé et à nous défaire de nos attachements (un proche, un projet, etc.).
- La peur est un mouvement de recul ; elle signale un danger, invite à la prudence et à réagir vite.

Comment vivre mes émotions au quotidien ?

Les émotions jouent un rôle d'activateur. Par exemple, vous êtes dans la rue et un enfant traverse alors qu'une voiture arrive ; la peur envoie à votre conscience un message qui vous pousse à agir : vous courez pour rattraper l'enfant.

Comment reconnaître une émotion ? Elle est très « corporelle » : la chair de poule lorsque vous avez peur, vos joues qui roussissent par timidité lors d'un premier rendez-vous, un éclat de rire que vous ne pouvez retenir…

Comment l'accueillir ? Notre société aimerait que l'on gère tout. Avec les émotions, c'est impossible, car une émotion est une info importante. Quand elle se présente, soit vous l'accueillez, vous prenez l'information et du recul, et elle repart ; soit vous refusez de lui ouvrir la porte et elle s'engramme dans votre corps. Aujourd'hui, nos émotions refoulées se reflètent dans de nombreuses maladies comme le stress, le burn out et toutes les conséquences physiques que l'on connaît (mal de dos, état apathique, etc.). Surtout, l'émotion est au cœur de notre rapport à l'autre, puisqu'elle joue un rôle fondamental dans la communication, les relations… Se couper de ses émotions, c'est se couper de soi, mais aussi des autres !

Mon journal des émotions

Les émotions sont des messagères. Plus nous les écoutons, plus nous affûtons notre muscle de perception et notre intuition grâce aux manifestations physiques qu'elles génèrent. Au quotidien, vous pouvez tenir un petit carnet sur lequel vous noterez les émotions qui vous traversent, les pensées et les sensations physiques qu'elles provoquent. Cela vous permettra de mieux vous connaître, de ne plus subir vos émotions, mais d'en faire une force sur laquelle vous appuyer. En effet, si votre journal des émotions révèle que vous réagissez toujours de la même manière face à une situation spécifique, vous serez en capacité d'intervenir sur vous-même lorsqu'elle se présentera à nouveau. Gardez ce petit carnet sur vous en permanence !

Situation	Émotion	Pensées générées par l'émotion	Sensations physiques générées par l'émotion	Qu'est-ce que j'en déduis ?	Quels sont mes leviers de changement ?

Je cultive ma force

La femme sauvage, libre et indépendante, s'appuie sur sa force intérieure, qu'elle tire de sa confiance en elle et d'une attitude positive dans la vie. Cela ne veut pas dire qu'elle ne rencontre pas d'obstacles ou de déceptions, mais elle considère avec confiance et sérénité que la chance va tourner en sa faveur.

La confiance en soi, c'est quoi ?

C'est une question de gestion de la peur…

Quand on pense à la confiance en soi, les mots qui viennent en premier sont généralement : charisme, optimisme, leadership, projets, entreprendre. Une personne qui a confiance en elle est quelqu'un qui se connaît bien ; elle n'est pas sans peurs, mais elle a appris à distinguer les

peurs réelles (avec de vrais risques) de celles irrationnelles, nourries par les doutes et la crainte de l'échec. D'où l'importance de bien connaître nos émotions, pour ne pas zapper notre confiance. Les accueillir pour en faire ses alliées permet au contraire de construire sa confiance en soi !

… et d'habitudes de pensée !

Eh oui : la confiance en soi n'est pas innée, elle s'apprend et se cultive. Des chercheurs en sciences cognitives ont montré que nous avons des filtres de la perception ; ce sont des habitudes de pensée avec lesquelles nous voyons notre réalité. Si vous avez une mauvaise estime de vous, par exemple, vous nourrissez la pensée que vous êtes nulle, vous vous enfermez dans cette croyance limitante alors qu'elle ne repose sur aucune preuve tangible. À l'inverse, une personne plus positive ne se remet pas en cause à chaque conflit ou échec, car elle les vit comme autant d'expériences sur son chemin ; elle ne se freine pas et continue à oser entreprendre, quelle que soit l'issue de son entreprise. En résumé, pour avoir confiance en soi, il faut savoir faire le tri dans ses pensées et avoir une perception positive de soi !

Je fais le tri en tenant un cahier de pensées

Votre cahier de pensées va être pour vous ce qu'est la pensine pour Dumbledore : un réceptacle pour vos (trop) nombreuses pensées ! Chaque jour, prenez 5 minutes pour écrire dans votre cahier toutes les pensées qui se présentent à vous, sans les filtrer. Premier effet : vous vous videz la tête et ça fait du bien ! Deuxième effet : votre cahier va vous permettre d'observer les pensées qui reviennent le plus souvent. Une fois que vous les aurez identifiées, vous pourrez prendre vos distances avec elles, comprendre qu'elles ne vous définissent pas, mais qu'elles vous traversent simplement, comme un nuage passe dans le ciel.

→ Avec le cahier de pensées, vous allez pouvoir amorcer un changement radical dans vos habitudes. À la clé de ce travail en profondeur ? La liberté de vous incarner pleinement, de vous révéler dans toute votre palette colorée et enfin d'oser être cette femme sauvage qui entreprend et est fière d'elle.

Je me remercie et me célèbre

La gratitude vient d'un sentiment de reconnaissance envers quelque chose ou quelqu'un. Et si ce quelqu'un, c'était vous ? Alors que nous avons souvent l'impression de ne rien avoir accompli d'extraordinaire, notre quotidien est en réalité ponctué de petites victoires que nous devrions célébrer pour booster notre estime de nous. Vous pourriez remercier votre corps pour les prouesses quotidiennes qu'il effectue : la fluidité d'une marche à pied, la digestion des nourritures terrestres et émotionnelles, les plaisirs qu'il vous procure, etc. Vous pouvez aussi remercier vos émotions pour les messages qu'elles vous délivrent et la manière dont elles vous connectent au monde. Vous pouvez remercier votre force intérieure qui vous connecte à votre puissance et votre énergie créatrice.

Ode à moi-même !

Ouvrez un espace sacré chez vous : purifiez-le en brûlant une herbe à votre disposition (sauge, romarin, thym…) et créez une ambiance propice à ce temps de célébration personnelle (bougie, musique…). Assise sur un coussin, commencez par vous recentrer en vous concentrant sur votre souffle. Laissez le calme s'installer en vous.
Progressivement, laissez venir à vous ce que vous avez récemment accompli et qui vous a procuré de la joie : avoir monté un meuble pour aménager votre maison, avoir brillamment réussi une mission à votre travail… Laissez venir à vous toutes ces petites victoires sans les filtrer, aucune n'est plus importante qu'une autre : il n'y a pas d'échelle de valeur dans le succès personnel ! Puis, pour chaque succès, répétez le mantra suivant : « Je suis fière de moi. Je suis fière de tout ce que j'accomplis. » Lorsque vous aurez terminé ce rituel de célébration, prenez le temps de sentir les effets positifs dans votre corps. Le fameux « être bien dans sa peau » !

Vous en savez un peu plus sur votre corps, son fonctionnement, ses ressentis, la manière dont il réagit à vos mouvements intérieurs (émotions, pensées positives et négatives). Cette exploration vous a permis de vous rapprocher de celle que vous êtes profondément, intimement, de cette femme sauvage que vous incarniez déjà sans le savoir ! Cette connaissance empirique de vos ressentis corporels et émotionnels va vous permettre de suivre votre cycle féminin. Car chaque mois, nous connaissons des fluctuations hormonales qui influent sur notre corps et nos émotions. Trop souvent, nous subissons notre cycle alors qu'il est au cœur de notre puissance créatrice de femme. Et si vous dansiez avec votre cycle ?

Chapitre 3

Ma nature cyclique

Pour nombre de femmes, le cycle menstruel se résume à la période du mois où l'on a ses règles et c'est rarement un moment que l'on trouve agréable. On les vit plutôt comme un inconfort et une contrainte. Et si ce cycle était un merveilleux outil de connaissance de soi ? Grâce à votre cycle, vous allez apprendre à mieux vous connaître, mieux vous comprendre et enfin vous écouter. Bref, à respecter encore plus votre corps et son rythme. Si je vous disais que suivre son cycle et ses 4 phases, c'est l'occasion d'explorer 4 facettes de sa personnalité, toutes puissantes et indissociables, pour incarner pleinement sa femme sauvage ?

4 raisons de me connecter à mon cycle

Pour mieux me connaître

Avouons-le, notre cycle est pour nombre d'entre nous un mystérieux mécanisme qui se déclenche une fois par mois. En réalité, il ne se résume pas à nos règles, il se déroule tout au long du mois ! Lorsqu'on sait qu'une femme a des règles durant une quarantaine d'années en moyenne, ne presque rien connaître de son cycle, c'est un peu comme ne rien connaître de soi ! En effet, le cycle nous renseigne sur notre état général : fatigue, énergie, libido, etc. Plus vous allez observer votre cycle, plus vous comprendrez son impact sur votre état physique et émotionnel, tout étant interconnecté dans votre corps. Se connecter à son cycle permet donc de mieux se connaître et de ne pas subir un phénomène qui semble étranger, qui se manifeste sans que l'on ait de prise dessus.

Pour suivre mon rythme intérieur

Notre énergie vitale est fluctuante en fonction des 4 phases du cycle, eh oui ! C'est le fameux « Tu es lunatique ! » ou le très apprécié « Tu es agressive aujourd'hui, tu as tes règles ? ». Notre vocabulaire a intégré le fait que les femmes puissent être lunatiques, au sens premier du terme, à savoir changeantes avec la lune (voir p. 59). Pourtant notre société est linéaire, elle exige constance et efficacité les 365 jours que compte l'année. Cela est impossible pour une femme ! On nous juge alors trop émotives, trop sensibles, faibles, hystériques. Nous avons pourtant vu au chapitre précédent à quel point les émotions sont un merveilleux outil de connexion avec le monde. Pour nous les femmes, ces émotions sont plus intenses car nous sommes soumises à un ballet hormonal quotidien ! Chaque mois, nous fluctuons naturellement entre énergie ascendante, plénitude, chaos émotionnel et besoin d'intériorité, respectivement lors des 4 phases du cycle. Ouf, vous n'êtes plus obligée d'être tout le temps au top, vous voilà délivrée du diktat linéaire : bienvenue dans la danse cyclique ! En explorant votre cycle, vous allez apprendre à organiser votre quotidien pour vivre en synergie avec ces 4 phases. Vous allez ainsi pouvoir profiter des phases d'énergie ascendante pour mener à bien vos projets et prendre du temps pour vous lors des phases d'énergie descendante. L'intérêt est donc de ne plus fonctionner à contre-rythme, mais bien au rythme le plus pertinent pour vous !

Pour me relier à ma spiritualité féminine

Dans de nombreuses traditions spirituelles, le cycle féminin est porteur des mystères de la vie et confère à la femme le rôle de gardienne du cycle de la vie. Ainsi, chez les Amérindiens, les femmes se réunissaient traditionnellement dans des « moon lodges » pour vivre ensemble leurs règles ; au sein de la moon lodge, elles se reposaient, dansaient, chantaient pour célébrer ce « temps des lunes », prenaient soin les unes des autres, de la jeune fille récemment réglée à la grand-mère qui enseignait les soins à prodiguer, les huiles à utiliser, les plantes en infusion pour soulager. Pour les Amérindiens, le temps des lunes était un temps sacré durant lequel la femme était dans sa toute-puissance créatrice ; un temps durant lequel les femmes descendaient dans leurs profondeurs, à l'écoute de leur intuition. Elles pouvaient d'ailleurs être consultées par la tribu sur les visions qu'elles avaient eues durant cette période de retrait. Cette tradition conférait à la femme un rôle de médiatrice entre les mondes, entre le visible et l'invisible, un temps de connexion avec Grand-Mère Lune et le sang sacré. Par leur capacité à saigner chaque mois sans être blessées, les femmes sont les médiatrices des mystères de la vie ; elles ont donc un rôle majeur dans le chamanisme amérindien, mais aussi dans de nombreuses autres cultures anciennes (les prêtresses qui avaient en charge le culte des

Le sang des lunes est sacré !
Dans de nombreuses traditions, le sang des lunes symbolise la renaissance, la régénération. Il était parfois utilisé pour fertiliser les sols et rendre grâce à la Terre avec du sang pur (non issu d'un sacrifice).

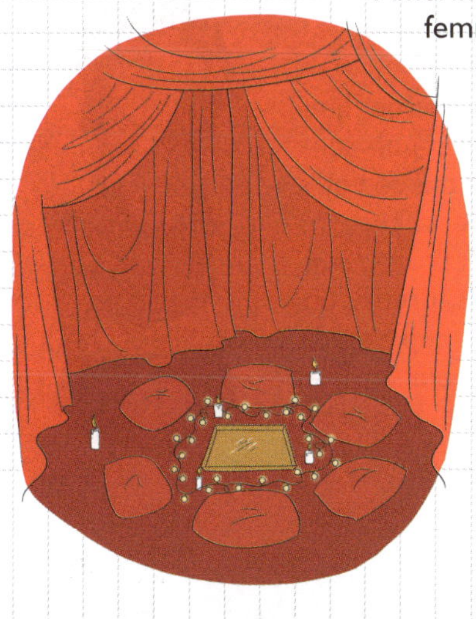

dieux). Aujourd'hui, renouez avec votre spiritualité et votre sacralité au moment de vos lunes en vous octroyant du temps pour vous, pour recevoir les messages de vos guides, écouter votre intuition, nourrir votre féminité profonde.

Pour me renouveler

Chaque mois nous est offerte l'occasion de nous recréer de l'intérieur. Les règles sont en effet comme une mue interne, notre corps éliminant instinctivement ce qui n'est plus nécessaire pour créer du nouveau. Chaque mois, la femme a cette chance de faire peau neuve. Vous pouvez profiter de ce temps des lunes et de ce renouvellement physique pour faire le tri symbolique de ce que vous ne voulez plus dans votre quotidien (une relation toxique, un travail, etc.).

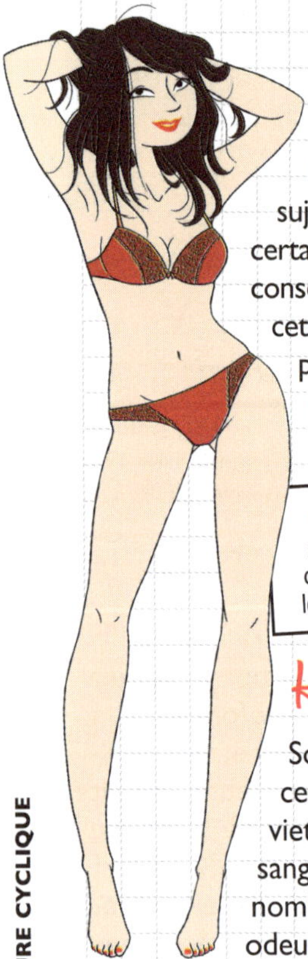

J'honore mon sang sacré !

Dans notre société, les règles sont taboues ! Pour beaucoup, ce n'est pas un sujet de discussion : pourquoi parler de quelque chose d'aussi banal, penseront certains ? Et pourtant, parler librement des règles choque. Ce silence n'est pas sans conséquences sur la perception qu'ont les femmes de leur corps, notamment durant cette période du mois pour laquelle de trop nombreuses publicités vendent des produits miracles dissimulant les odeurs en représentant l'écoulement menstruel par un petit filet bleu, bien loin du sang carmin de nos règles…

> Heureusement, un militantisme menstruel a vu le jour ces dernières années pour sortir les règles du tabou. Rendez-vous sur le compte Insta de Rupi Kaur, poétesse canadienne d'origine indienne, pour voir sa série de photos intitulée *Period*. Sur les réseaux, les comptes dédiés à la « menstruation positive » se multiplient.

Hello, my moons !

Souvent, nous ne connaissons de notre sang menstruel que cet agglomérat foncé à l'odeur de sang séché sur une serviette ou un tampon. Et si vous partiez à la rencontre de votre sang tel qu'il est réellement ? Avec l'utilisation de la cup, de nombreuses femmes ont découvert leur sang : sa texture, son odeur, son joli rouge. Lors de vos prochaines règles, prenez un temps pour observer votre sang, en nettoyant votre cup ou vos protections périodiques si elles sont lavables. Soyez créative pour trouver la manière de vous relier à votre sang sacré qui vous convient. Remerciez votre corps de faire peau neuve.

Mon rituel menstruel d'abondance

De nombreuses traditions honoraient donc le sang menstruel. Les femmes, lors de leur mue menstruelle, honoraient leur sang comme l'on honore la Terre Mère pour sa fertilité. Vous aussi pouvez redonner à la Terre votre sang sacré en le recueillant grâce à une cup, puis en le déposant en terre ou dans une rivière. Veillez à sacraliser ce moment : exécutez vos gestes en conscience, soyez dans l'instant présent, remerciez la Terre Mère pour son abondance. En laissant partir votre sang, vous pouvez visualiser ce que vous souhaitez laisser partir dans votre vie. C'est un rituel que vous pouvez faire lorsque vous en ressentez le besoin, ou bien chaque mois, à la nouvelle ou la pleine lune, en fonction de votre cycle (voir p. 61).

Voyage au cœur de mon cycle

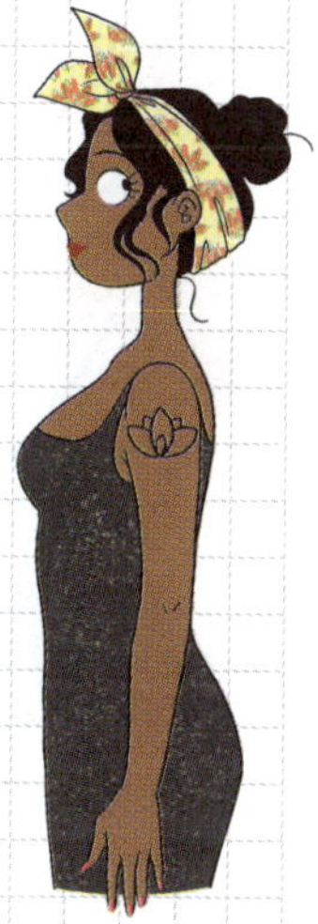

Le cycle féminin dure en moyenne 28 jours, mais c'est très variable d'une femme à l'autre (notamment chez les adolescentes) : cela va de 21 à 40 jours. Certaines femmes ont un cycle très régulier quand d'autres connaissent d'importantes fluctuations d'un mois à l'autre. Il n'y a donc pas de règles pour nos règles ! Le cycle connaît 4 temps : la phase menstruelle, la préovulation, l'ovulation et la phase prémenstruelle. Afin d'interagir avec ses énergies, il vous faut suivre votre cycle et l'observer. Le but est de vous connecter à votre féminin avec comme support le cycle. C'est une reconnexion par le corps (via l'observation de l'énergie globale, des émotions…), mais aussi spirituelle, grâce à des figures féminines associées à chaque phase.

Mon programme de reconnexion à mon cycle et à mon féminin : how to use ?

À chaque phase du parcours des pages suivantes, vous allez remplir votre cadran lunaire et vous connecter avec un archétype féminin.

Mon cadran lunaire pour observer mon cycle

Le cadran lunaire est un outil qui va vous permettre de suivre votre cycle au jour le jour. Il se présente sous une forme circulaire, comprend tous les jours du mois et démarre au jour 1, qui correspond au premier jour de vos lunes.

Les 5 aspects à noter chaque jour

- Votre niveau d'énergie globale : fatiguée, dynamique…
- Les émotions prédominantes de la journée : irritable, joyeuse, en colère, paisible, etc.

- Votre sexualité : libido, sensuelle, érotique, aimante, etc.
- Votre santé : qualité du sommeil, appétit, etc.
- Vos rêves : beaucoup ou peu de rêves, érotiques, animaux, rêves récurrents, etc.

Quand l'utiliser ?

Il n'est pas nécessaire de tout noter chaque jour, ce sont des indications. Faites en sorte que votre cadran soit agréable à remplir, n'hésitez pas à en faire un bel outil de votre création. Si vous êtes visuelle, vous pouvez faire des dessins ou bien créer votre code couleurs. Votre cadran lunaire ne doit pas devenir une contrainte, mais vous offrir un temps pour vous connecter à vous et à votre cycle. Si un jour, vous n'avez rien à noter, ne vous forcez pas, les blancs renseignent tout autant ! Cela peut signifier par exemple que vous avez enchaîné les tâches en étant peu présente à vous-même. C'est un bon moyen d'apprendre à mettre plus de présence et de conscience dans votre quotidien. Au fil des mois, vous allez observer que vous vivez des émotions, des sensations physiques, peut-être des rêves récurrents à chaque phase de votre cycle. Ces informations sont précieuses pour votre rencontre avec votre femme sauvage, car elles vous permettent de mieux vous connaître, de vous réapproprier votre corps et donc d'être plus alignée avec la femme que vous êtes.

Et si je n'ai pas de cycle naturel ou plus de cycle ?
L'observation fine de son cycle est généralement plus aisée avec des cycles naturels, c'est-à-dire sans contraceptif hormonal. Avec la pilule, les règles ne sont pas naturelles, ce sont des saignements de privation d'hormones ; l'aspect cyclique est gommé et l'ovulation est généralement bloquée. Néanmoins, vous pouvez quand même vous connecter aux énergies féminines propres à chacune des phases. Il en va de même si vous n'avez momentanément pas votre cycle dans sa globalité (grossesse, raisons médicales, ménopause, etc.). Comme pour tout voyage exploratoire, vous allez apprendre à affiner progressivement vos perceptions, où que vous en soyez avec votre cycle.

Les archétypes féminins, pour me connecter à ma féminité profonde et incarner ma femme sauvage

Les archétypes féminins, c'est quoi ?

Déesses, magiciennes, sorcières, bonnes fées… Ces figures issues de l'inconscient collectif incarnent des symboles féminins universels. Utiliser un archétype féminin, c'est se servir de ses traits de caractère, de ses qualités comme modèle, comme source d'inspiration pour se connecter à sa féminité profonde et incarner sa femme sauvage. À chaque phase son archétype : la femme sage ou la sorcière, la jeune fille, la mère et l'enchanteresse, respectivement pour les phases menstruelle, préovulatoire, ovulatoire et prémenstruelle. Ces grands archétypes avec lesquels nous allons voyager ont été transmis par Miranda Gray, qui a initié il y a plus de 20 ans un travail révolutionnaire en se fondant sur son expérience du cycle féminin. Elle a ainsi mis en évidence la beauté de ce cycle dans son entièreté et révélé aux femmes la façon de se mettre en phase avec leurs énergies féminines.

Comment faire ?

L'archétype est une figure employée en psychologie pour parler à notre inconscient. C'est un modèle que notre cerveau capte instantanément en y associant des qualités, des images. L'archétype dont vous allez vous servir dans vos pratiques est une figure féminine qui vous accompagnera dans l'exploration de votre cycle. Elle agira comme un miroir pour vous révéler à vous-même. Vous allez rencontrer chacun des archétypes à la faveur d'un temps méditatif pour recevoir intuitivement son message.

Et les autres outils de reliance ?

Pour vous relier à chaque archétype, à chaque phase du cycle, vous allez aussi…

Composer un crystal grid

Pour interagir avec l'énergie de chaque archétype, rien de tel qu'une matrice de cristaux, qui sont de puissants vecteurs énergétiques. Le principe du crystal grid est de disposer des cristaux en mandala afin de leur offrir un espace pour interagir entre eux. Ce sont des pierres aux énergies complémentaires qui correspondent à chaque archétype. Le crystal grid est un support de reliance avec les archétypes.

Entrer en relation avec des alliés – végétal, animal et minéral

Pour chaque archétype, un allié végétal, un allié animal et un minéral vous sont proposés. Vos alliés sont de précieux compagnons qui vont vous prodiguer des soins et vous soutenir pour gagner en fluidité et vivre pleinement chaque phase.

Chez vous, vous pouvez dédier un espace à la construction d'un autel pour chaque archétype et ainsi sentir sa présence se diffuser dans votre quotidien. Vous pourrez ensuite agrémenter cet outil de base de vos propres rituels.

Comment pratiquer ?

1. Identifiez le passage d'une phase à l'autre grâce à votre cadran lunaire.
2. Lorsque vous entrez dans une nouvelle phase, prenez le temps de rencontrer l'archétype associé afin qu'il vous accompagne tout au long de cette phase. Pour ce faire, sacralisez un temps de rencontre en veillant à ne pas être dérangée ; vous allez élaborer votre crystal grid pour vous mettre dans un état méditatif de réceptivité, puis vous allez lire un texte dédié à l'archétype. Vous pourrez le lire une première fois

à voix haute pour sentir qu'il pénètre chaque cellule de votre corps. Donnez le temps aux mots de laisser un écho, une empreinte en vous. Vous pourrez refaire la méditation de l'archétype chaque fois que vous en aurez besoin pendant la phase concernée.

3. Vos alliés végétal, animal et minéral vous accompagneront tout au long de la phase : vous pourrez méditer une seule fois ou tous les jours avec votre animal totem, porter sur vous votre cristal et prendre soin de vous avec votre allié végétal.

La phase menstruelle : le temps de l'intériorité

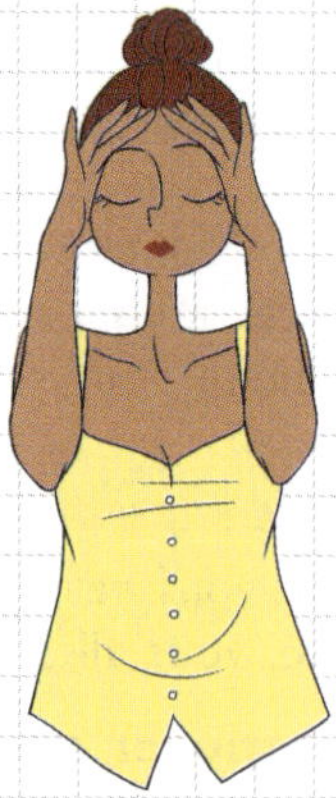

Qu'est-ce qui se passe en moi ?

Dans notre cycle, la phase menstruelle a lieu environ du premier au sixième jour. Les saignements surviennent si l'ovule n'a pas été fécondé par un spermatozoïde. Le sang vient de l'utérus, plus précisément de sa muqueuse supérieure, l'endomètre, qui fait peau neuve. Les règles sont composées de sang, de cellules d'endomètre mortes, de cellules de la muqueuse vaginale, de sécrétions du col de l'utérus et du vagin, et de bactéries de la flore vaginale.

J'ai besoin de me reposer et de cultiver mon monde intérieur

D'un point de vue hormonal, les taux de progestérone (l'hormone qui agit sur la muqueuse de l'utérus) et d'œstrogènes (hormones qui, avec la progestérone, régulent le cycle) sont au plus bas, ce qui explique la baisse d'énergie physique, le besoin de repos, la sensation de fatigue. Le corps est en demande d'un temps de jachère, qu'il est judicieux de lui accorder, sans quoi l'on accumulera de la fatigue. Bien sûr, chaque femme vit ses règles de manière singulière ; certaines n'ont aucune manifestation physique quand d'autres connaissent une sensation de lourdeur, de ventre ballonné, de poitrine gonflée. Quant aux émotions, elles ont tendance à nous emmener dans une émotivité accrue et une sensibilité à fleur de peau. Le dialogue avec le monde extérieur est parfois difficile durant nos règles du fait de la fatigue physique et de l'émotivité, et c'est bien normal, car nos lunes nous invitent à rester dans notre grotte pour cultiver notre monde intérieur !

Les signes de cette phase
- Fatigue
- Sensation de lourdeur, ventre ballonné, poitrine gonflée
- Émotivité, sensibilité
- Introversion

Et vous, quels signes ressentez-vous ? Remplissez votre roue des lunes !

La femme sauvage en moi pendant cette période : la femme sage ou la sorcière

La femme sage ou la sorcière nous invite à entrer dans nos profondeurs. Cet archétype nous montre que nous sommes riches de nous-mêmes et que les réponses aux questions que nous nous posons sont généralement à l'intérieur de nous. La femme sage est associée à l'hiver car elle sait s'accorder un temps de jachère durant ses lunes, comme la Terre se régénère en hiver. Avec elle, nous sommes connectées à notre intuition, réceptives à l'invisible.
Vous entrez dans la période menstruelle de votre cycle ? Connectez-vous à elle dans les premiers jours de la phase, et aussi souvent que nécessaire par la suite, avec ce rituel !

1. Je me prépare avec un crystal grid

La construction de votre crystal grid est un moment de connexion avec l'archétype que vous allez rencontrer. Purifiez d'abord votre espace intérieur en procédant à une fumigation à l'aide d'un smudge stick. Disposez devant vous des cristaux (pierre de lune noire, séraphinite, jaspe, agate, ammonite, cristaux de roche) et éventuellement d'autres objets, images ou trésors glanés dans la nature (plumes, fruits à coque, coquillages, etc.). Imprégnez-vous de l'énergie des pierres. Placez d'abord le cristal du centre puis, intuitivement, disposez les autres pierres comme cela vous vient. Que ce soit pour le placement ou le nombre de pierres, écoutez votre intuition, c'est votre meilleur guide !

Mon crystal grid de la femme sage

1. Au centre, placez une pierre de lune noire, qui évoque la connexion à la lune, la féminité, l'intuition, la réceptivité et le dialogue avec les rêves.
2. Pierre du lâcher-prise, la séraphinite, dont le vert profond rappelle les forêts sombres d'Europe de l'Est, insufflera de la confiance et accompagnera la femme sage dans ses rêves et ses voyages chamaniques.
3. En écho avec l'énergie terrestre de la sorcière, entourez-vous de jaspe, une pierre qui équilibre nos polarités et nous ancre dans l'instant présent.
4. L'agate saura vous connecter à votre sagesse personnelle tout en vous invitant à la douceur envers vous-même.
5. Les spirales de l'ammonite vous rappelleront les cycles de la vie, le rythme de la Terre, le temps de la jachère qui est nourricier. La patience de vivre chaque étape.
6. Enfin, disposez un ou plusieurs cristaux de roche. Leur énergie permet d'amplifier l'action des autres pierres.

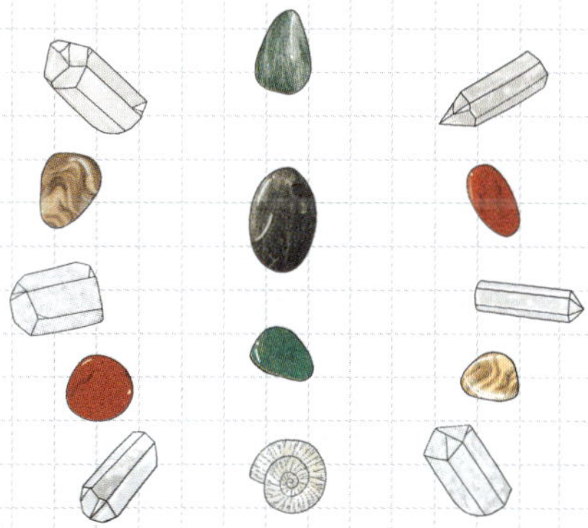

Installée face à votre mandala de cristaux, vous sentez l'énergie des pierres se diffuser. Vous voilà prête à inviter la femme sage afin qu'elle vous délivre son message.

2. J'invoque la femme sage en moi

Sentez sa présence enveloppante à vos côtés, éveillée par le crystal grid. Dans ce silence fécond propre à la méditation, vous êtes prête à entendre le message de la femme sage.

« Je suis la femme sage, la sorcière, la chamane, la Baba Yaga, la guérisseuse, Hécate, Cybèle. Enveloppée de blanc, je m'enracine dans l'obscurité hivernale, là où le vent fouette l'horizon gelé. Avec moi, tu plonges dans tes terres intérieures, là où source ta sagesse ancestrale. Je t'invite à te tourner vers toi, dans le silence de tes profondeurs, au cœur de ton intériorité. Ne cherche pas la distraction ou la frénésie du monde. Retire-toi, prends ces jours de jachère pour te connecter à ton intuition. Avec moi, tu peux méditer, observer tes rêves et apprendre comment ils peuvent nourrir ta vision et ta clairvoyance. Dans ce vide fécond, tu dialogues avec ton âme, en gestation de toi-même, tu es la graine sous la terre gelée d'hiver. Avec moi, tu entres en reliance avec la nature, prenant conscience que tu es la nature. Viens, je t'emmène à la rencontre du règne animal, végétal, minéral, et je te montre comme tout est interrelié. Prenant racine en toi-même, tu tisses le lien sacré entre ton corps, ton cœur, ton esprit et l'écosystème autour de toi. Gardienne des cycles de la vie, je te montre que rien ne dure, tout est mouvement. Lorsque tout te semble obscur, je suis la grand-mère qui te montre la lumière. Avec le sang de tes lunes, je t'enseigne le lâcher-prise, je te montre comment te laisser traverser par la vie pour danser avec elle et ne pas entrer en résistance.

Accueille tes lunes comme une fin symbolique qui t'emmène vers le renouvellement.
Accueille le repos.
Embrasse la beauté du vide. »

Les yeux fermés, laissez résonner en vous le message de la femme sage – la sorcière – encore quelques instants. Puis, lorsque vous êtes prête, ouvrez les yeux et prenez le temps de voir comment cet archétype peut vous accompagner concrètement dans votre quotidien.

La femme sage / la sorcière dans mon quotidien

1. Parvenez-vous à vous accorder des temps sans rien faire sinon nourrir votre imagination, à prendre du temps pour vous, etc. ?

....

....

La sorcière peut vous montrer comment demeurer en silence, sans distractions extérieures, riche de vous-même.

2. Vous souvenez-vous de vos rêves ?

....

....

Vous pouvez noter vos rêves en phase « sorcière » pour bénéficier de leur interprétation.

3. Vous sentez-vous reliée à la nature ?

....

....

La sorcière vous invite à aller dans la nature pour vous émerveiller de sa beauté.

4. Savez-vous élaborer une vision de ce que vous souhaitez mettre en place dans votre vie ?

....

....

La sorcière peut vous aider à définir cette vision, que vous mettrez en pratique à la phase suivante.

Mon programme cocooning : je me ressource !

Le temps des règles est celui du repos et du cocooning du corps. Offrez-lui le luxe de ne rien faire pour qu'il puisse se restaurer en douceur ! Vos alliés végétal, animal et minéral vont le chouchouter grâce à des tisanes, à de la méditation relaxante et aux bonnes énergies apportées par le cristal que vous porterez sur vous durant cette période.

Mon allié végétal : la feuille de framboisier et l'achillée millefeuille pour me soulager

Cocoonez-vous avec une tisane de feuilles de framboisier ! Ces dernières sont connues pour aider l'utérus à se contracter et donc l'accompagner dans son processus d'évacuation du sang. Si vous êtes sujette à des douleurs abdominales, l'achillée millefeuille saura vous soulager et réguler des saignements trop importants.

→ Vous pouvez en boire entre 3 et 5 tasses par jour, tant que vous en ressentez le besoin.

Mon allié animal : la baleine, pour plonger en moi

La baleine parcourt les océans depuis 60 millions d'années. C'est une ancienne, une matriarche, qui parle à notre sagesse intérieure. Elle impressionne avec ses 30 mètres de long et ses 180 tonnes. Pourtant, sa puissance n'a d'égale que sa douceur pacifique. Solitaire, elle ondoie dans une lenteur emplie de grâce. La baleine nous invite à ralentir pour revenir à notre source originelle et à la solitude afin de puiser dans nos profondeurs.

Ma méditation doudou pour me relier à la baleine

Pour vous relier à l'esprit de la baleine, allongez-vous confortablement et fermez les yeux. Laissez votre respiration s'amplifier et se faire de plus en plus lente et profonde. Votre corps s'allège, une sensation de flottaison vous envahit, comme si vous étiez immergée dans cette eau à l'origine de l'humanité. Si la baleine vient vous visiter, plongez dans son regard en amande, imprégnez-vous de sa douceur, laissez-vous inspirer par sa sagesse. Sentez comme la baleine vous connecte à la partie archaïque en vous. À l'issue de votre méditation, remerciez la baleine pour son enseignement.

→ Pratiquez cette méditation lorsque vous entrez en phase « sorcière », pour bénéficier de l'enseignement de la baleine. Vous pouvez la pratiquer tous les jours si vous le souhaitez.

Mon allié minéral : la malachite, pour soulager les douleurs des règles

La malachite est une des grandes pierres amies des femmes qui les accompagnent à toutes les étapes de leur vie (grossesse, accouchement). Elle est connue pour soulager les douleurs et sera donc une alliée précieuse si vos règles vous font souffrir.

→ Pendant cette phase du cycle, portez une petite pierre roulée dans votre poche. Le soir venu, allongez-vous avec un coussin sous les jambes si votre dos est sensible, déposez un tissu sur vos yeux et posez la malachite sur votre bas-ventre. Laissez son énergie apaisante se diffuser dans votre corps.

La phase préovulatoire : l'énergie ascendante

Après nos règles vient la phase préovulatoire, une phase dynamique dominée par l'énergie de la jeune fille ou la vierge, en référence à la force de vie de la jeunesse.

Qu'est-ce qui se passe en moi ?

Après la fatigue des règles, la phase préovulatoire est généralement agréable pour les femmes car elle est synonyme de vitalité retrouvée. Cette phase s'étend du huitième au quatorzième jour environ. D'un point de vue hormonal, le taux d'œstrogènes augmente progressivement et avec lui, le désir se fait plus intense. La sexualité de la jeune fille est assez libre, décomplexée, centrée sur son plaisir assumé. C'est le temps du renouveau pour le corps, avec la fabrication d'une nouvelle muqueuse de l'endomètre ainsi que d'un ovocyte. Ce dernier va mûrir jusqu'au moment de l'ovulation.

Les signes de cette phase
Physiquement, il y a peu de symptômes désagréables. C'est généralement une période dynamique pour le corps, qui dispose d'une belle énergie ! Et vous, quels signes ressentez-vous ? Remplissez votre roue des lunes !

La femme sauvage en moi pendant cette période : la jeune fille

La jeune fille ou la vierge nous invite à mener nos projets à bien. Elle est associée au printemps, pour le dynamisme de cette saison ; après le temps de jachère de l'hiver, c'est la renaissance printanière. Avec la jeune fille, nous allons de l'avant sans nous retourner ! Vous entrez dans la période préovulatoire de votre cycle ? Connectez-vous à elle dans les premiers jours de la phase, et aussi souvent que nécessaire par la suite, avec ce rituel !

1. Je me prépare avec un crystal grid

Vous allez vous connecter à l'archétype de la jeune fille avec des cristaux associés à son énergie. Purifiez l'espace, préparez vos pierres (quartz hématoïde, citrine, pyrite, amazonite, aventurine, chrysoprase, cristaux de roche) et autres éléments. Placez la pierre centrale, puis disposez intuitivement les autres.

Mon crystal grid de la jeune fille

1. Au centre, placez un quartz hématoïde : pierre d'énergie sanguine, il insuffle l'optimisme, donne force et courage à celle qui entreprend, comme la jeune fille. Excellent booster de l'énergie sanguine, il soutiendra le corps après les règles. C'est aussi un allié précieux pour contrôler l'émotion de la colère, envers soi et les autres. La jeune fille, dans son envie d'avancer, peut se montrer impatiente et se laisser gagner par la frustration.
2. Pour accompagner l'énergie solaire de la jeune fille, quoi de mieux que la citrine ? Symbole de joie, de prospérité et de réussite, c'est une pierre énergisante qui stimule la créativité.

3. À utiliser en synergie avec la pyrite, pierre des bâtisseurs. La pyrite développe en nous la capacité de mener plusieurs actions de front et nous enseigne l'adaptabilité. Elle accompagne la jeune fille dans la conception de ses idées nouvelles, l'aide à concrétiser ses objectifs en trouvant des solutions pour franchir les obstacles qu'elle peut rencontrer. Elle l'aide à se structurer pour transformer sa vision en actions concrètes et palpables.

4. Pour accompagner la jeune fille dans son élan vers les autres, l'amazonite l'aidera à communiquer de façon apaisée, centrée sur l'écoute et l'empathie.
5. Pour mener à bien ses projets, la jeune fille pourra s'appuyer sur l'aventurine, qui lui insufflera de la confiance en elle et en ses rêves.
6. La chrysoprase, avec son vert printanier qui symbolise le renouveau, les nouveaux projets, porte aussi la foi en la nouveauté.
7. Les cristaux de roche amplifient l'action des autres pierres.

Installée face à votre mandala de cristaux, vous sentez l'énergie des pierres se diffuser. Vous voilà prête à inviter la jeune fille afin qu'elle vous délivre son message.

2. J'invoque la jeune fille en moi

Vous sentez sa présence vivifiante à vos côtés, éveillée par le crystal grid. Dans ce silence fécond propre à la méditation, vous êtes prête à entendre le message de la jeune fille.

« Je suis la jeune fille en fleur, la vierge, Artémis, Athéna, Brigid, la jeunesse audacieuse incarnée. Je prends racine dans les vents vivifiants du printemps, je bouscule, j'ébouriffe. Avec moi tu vas construire, bâtir, avancer sans te retourner. Efficace, organisée, déterminée, je te montre comment innover dans la joie. Rebelle, n'écoutant que ton cœur et tes tripes, tu es ton propre maître. Tu marches vers tes rêves sans demander l'autorisation de les réaliser. Tu es de ces leadeuses que l'on suit car elles inspirent, par leurs idées nouvelles, leur élan de vie, leur attitude positive. Avec moi, tu savoures ton corps vivant et vibrant. Fluide, mobile, c'est la pulsation de vie qui palpite en toi et fait circuler cette poussée de sève printanière dans tes veines.

Je t'invite à t'assumer, à prendre confiance pour avancer sur ton chemin. Ne te compare pas, ne te freine pas. Telle Artémis tirant sa flèche, concrétise ta vision pour atteindre tes objectifs. Autrefois, l'on attendait des jeunes filles qu'elles soient obéissantes.

Aujourd'hui la jeune fille s'émancipe, elle éveille sa puissance. C'est un chemin encore inconnu sur lequel tu t'engages avec confiance et insouciance.

Lorsque tu doutes, que tu n'oses pas entreprendre ou assumer celle que tu es, je suis Athéna la guerrière qui t'invite à l'action.

Ta fraîcheur et ton insouciance sont tes moteurs.
Ta vivacité d'esprit est ta force.
Embrasse ton audace décomplexée. »

Les yeux fermés, laissez résonner en vous le message de la jeune fille encore quelques instants. Puis, lorsque vous êtes prête, ouvrez les yeux et prenez le temps de voir comment cet archétype peut vous accompagner concrètement dans votre quotidien.

La jeune fille / la vierge dans mon quotidien

1. Diriez-vous de vous que vous êtes audacieuse ?

Imaginez une jeune fille courant pieds nus, cheveux au vent ; son insouciance n'a d'égale que son audace. Inspirez-vous d'elle.

2. Lorsque vous conceptualisez un projet, le menez-vous à son terme avec détermination ?

La jeune fille est une bâtisseuse, elle avance. Avec elle, faites aboutir vos projets.

3. Avez-vous tendance à vous comparer aux autres et cela est-il un frein à votre désir d'entreprendre ?

La jeune fille a conscience de sa singularité, elle ne ressemble qu'à elle. Elle vous apprend à faire ce dont vous avez envie.

4. Diriez-vous que vous êtes perfectionniste ?

À force de vouloir que tout soit parfait, la perfectionniste se bloque dans ses projets. Laissez la légèreté de la jeune fille vous guider.

Mon programme cocooning : je fonce !

L'enjeu pour vous, inspirée par la jeune fille en vous, est de canaliser votre énergie afin que vos projets nourrissent votre vision globale. Pour cela, vous pouvez vous appuyer sur un corps léger et dynamique, à nourrir en profondeur avec une activité physique et des massages vitalisants.

Mon allié végétal : l'huile essentielle de bois de rose pour me booster !

Entretenez votre vitalité avec de l'huile essentielle de bois de rose, à la fois tonifiante et adoucissante. Elle possède des vertus revitalisantes et stimulantes qui permettent de lutter contre les baisses d'énergie ; elle est donc idéale pour revitaliser votre corps après les règles. Ajoutez-en quelques gouttes à un baume corporel neutre pour un massage revitalisant de tout le corps, ou utilisez-la en diffusion dans votre intérieur !

→ Vous pouvez le faire le matin après votre douche pour accompagner l'énergie de la journée qui commence. Si vous avez le temps, faites-le tous les matins durant cette phase !

Mon allié animal : le cheval, pour incarner ma liberté

Le cheval incarne la liberté, les grands espaces, la vitesse alliée à l'élégance et à la noblesse. Animal sociable vivant en harde, le cheval incarne aussi la fougue solitaire. Il nous invite à être notre propre maître. Rebelle, indépendant, il nous apprend à incarner notre puissance personnelle en maîtrisant nos forces pour ne pas exercer notre pouvoir sur autrui. Puissance et pouvoir ne sont en effet pas à confondre, et le cheval nous apprend à distinguer les deux pour cheminer dans le respect et la loyauté.

Ma méditation pour me relier au cheval

Pour vous relier à l'esprit du cheval, allongez-vous confortablement et fermez les yeux. Concentrez-vous sur votre respiration pour apaiser votre fougue et votre impatience. Sentez sur votre peau un vent doux et les premiers rayons de soleil d'une matinée de printemps. Visualisez un paysage dont la seule limite est l'horizon à perte de vue. Laissez venir à vous un cheval solitaire : comment s'approche-t-il de vous ? De quelle couleur est sa robe ? Prenez le temps de le détailler. Tendez votre main pour lui demander l'autorisation de le toucher ; puis, s'il vous y invite, montez sur son dos. Savourez sa liberté, sa puissante musculature au service de sa fougue. Sentez que ces qualités sont en vous aussi : vous êtes libre, votre corps sain est au service de votre action. Vous êtes illimitée. Comme le cheval, vous bondissez vers l'horizon, qui recule chaque fois que vous le touchez du doigt.

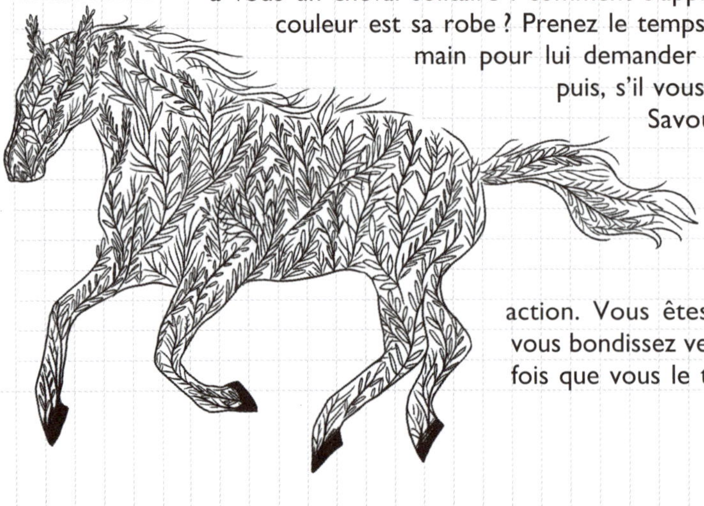

Mantra

LIBRE
ET SOUVERAINE
EN MON CORPS !

Rituel body positive

1. Placez-vous devant votre miroir, nue ou en sous-vêtements.
2. Regardez chaque détail de votre corps avec bienveillance, douceur, amour et tendresse.
3. Remarquez ensuite l'harmonie et la beauté de l'ensemble.
4. Ressentez une paix profonde.
5. Enveloppez-vous dans un châle pour garder longtemps ce nuage de bien-être.

♥ TOP LIST ♥
DE CE QUI NOURRIT MON ÉCOLOGIE INTÉRIEURE

1. _____________
2. _____________
3. _____________
4. _____________
5. _____________

Mon tracker du cycle

notes

notes

Les 3 façons de jouir de mon corps

1. Savourer le bien-être et le confort d'un corps qui fonctionne bien

2. Profiter des 5 sens et de toute leur gamme de perceptions

3. Prendre du plaisir

DIY

BÂTON DE FUMIGATION

1. Cueillez du romarin, du thym, de la lavande, des roses, des aiguilles de sapin, de cèdre...

2. Faites un bouquet très serré et enroulez autour de la ficelle de cuisine. Serrez bien.

3. Laissez sécher quelques semaines.

4. Utilisez votre bâton pour vos rituels : embrasez-le puis éteignez la flamme pour qu'il produise de la fumée.

Légende

Au recto, coloriez la case du jour selon la légende. Vous aurez en un clin d'œil une vision de votre cycle, pour mieux le connaître.

Énergie
- Fatiguée
- Dynamique

Émotion
- Irritée
- Joyeuse
- En colère
- Calme

Sexo
- Libido
- Sensuelle
- Érotique
- Aimante

Appétit
- Pulsions pour la nourriture
- Appétit normal

Sommeil
- Rêves

MANTRA

Laisse ton côté sauvage rugir en toi !

Roue de médecine

4 TIPS POUR CHOUCHOUTER
mon périnée

1. Je respire en profondeur
2. Je respecte le rythme de mon corps
3. J'adopte une alimentation saine
4. Je limite le port de talons

NOTES

LES 4 FEMMES EN MOI

- La sorcière (période menstruelle)
- La jeune fille (période pré-ovulatoire)
- La mère (période ovulatoire)
- L'enchanteresse (période prémenstruelle)

Mantra

FAIS APPEL À TON POUVOIR DU DEDANS, CRÉE TA VISION, INCARNE-LA ET TRANSFORME TA VIE !

#MAGIC

MY LIFE IS BEAUTIFUL

MON CAHIER

Mon objectif

Appliquez la roue de médecine dans votre vie ! Suivez un projet, votre cycle ou votre développement personnel grâce à elle :
- Formulez votre objectif ;
- Inscrivez à chaque direction les actions à mettre en œuvre, les mantras à garder en tête, les réflexions à mener pour atteindre cet objectif.

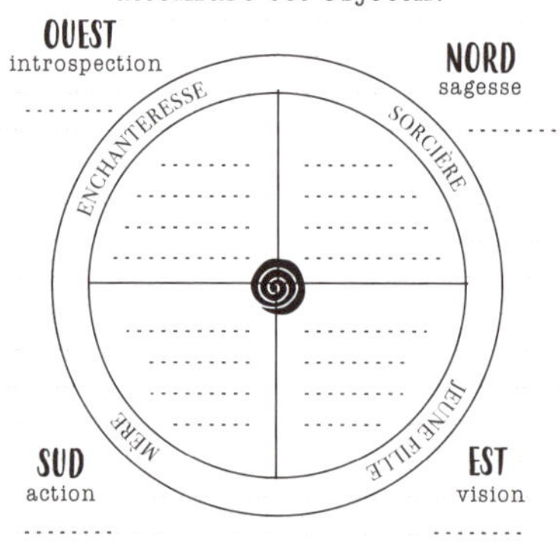

Bain-rituel pour célébrer la déesse en moi

- Pétales de fleurs
- Sels de bain, cristaux (quartz rose, améthyste, pierre de lune, cornaline...)
- Bougies autour de la baignoire
- Musique d'ambiance

Un véritable luxe que vous vous offrez, parce que vous êtes une déesse !

Chaque fois que vous entreprenez un nouveau projet, connectez-vous à l'énergie du cheval.

Mon allié minéral : la fluorite (ou fluorine) pour rester « focus » !

Pierre dite des étudiants, la fluorite est la pierre du savoir et du travail intellectuel. Elle aide à la concentration et permet de structurer l'esprit. Elle rend aussi plus réceptive et aide à voir au-delà des apparences, permettant de penser un projet dans sa globalité sans s'illusionner.

Portez-la sur vous en bijou ou posez-la sur votre bureau lorsqu'un travail intellectuel requiert ordre et créativité.

La phase ovulatoire : au cœur de la plénitude

Nous entrons dans une période féconde et créative. C'est le temps de la plénitude du corps et de l'esprit. L'enjeu pour vous, avec la figure tutélaire de la mère ? Continuer à vous nourrir vous-même pour offrir au monde la beauté que vous insufflez dans vos réalisations.

Qu'est-ce qui se passe en moi ?

L'ovulation a lieu vers le quatorzième jour et résulte d'un savant ballet hormonal : lorsque le taux d'œstrogènes est suffisant, l'hypophyse, une glande dans le cerveau, envoie un pic d'hormones lutéinisantes (LH) en direction des ovaires. Celles-ci poussent l'ovocyte le plus mûr hors du follicule (son enveloppe) et il devient un ovule. Il est ensuite expulsé dans les trompes et chemine vers l'utérus, où il pourra éventuellement être fertilisé par des spermatozoïdes qui se présenteront par centaines pour tenter de le percer. Nous avons longtemps cru que le spermatozoïde qui réussit à pénétrer l'ovule était le plus fort ou le plus endurant, mais nous savons désormais que c'est l'ovule qui décide de laisser entrer celui qu'il a choisi. Cela change considérablement la donne ! La fécondation perçue comme la percée du spermatozoïde était une vision très masculine qui insistait sur son caractère guerrier. Le fait que l'ovule choisisse de laisser entrer l'élu remet la femme au cœur du

Les signes de cette phase

Dans le corps, plusieurs indices indiquent que nous sommes en période ovulatoire :

- la température corporelle augmente ;
- du mucus fertile, sorte de liquide clair et glissant, est sécrété ;
- une sensation désagréable au niveau des ovaires (spasmes, inflammation, etc.) se fait parfois ressentir ;
- il y a une forte production d'ocytocines, les « hormones de l'amour », qui agissent positivement sur le désir. C'est donc une phase d'épanouissement physique, durant laquelle vous vous sentez au cœur de votre féminité et de votre sensualité.

processus, elle n'est plus seulement un réceptacle. Bien que l'ovulation en elle-même ne dure qu'une journée, la période d'ovulation a lieu pendant environ 5 jours, les spermatozoïdes pouvant vivre autant de temps dans les muqueuses vaginales.

La femme sauvage en moi pendant cette période : la mère

La mère nous invite à jouir de la vie et des plaisirs terrestres. Elle est associée à l'été et avec elle nous rayonnons, nous savourons la plénitude et goûtons le farniente estival. Avec la mère, nous prenons soin de nous et de nos proches, nous nous sentons créatives, nourries par l'envie de mettre de la beauté dans tout ce que nous faisons.
Vous entrez dans la période ovulatoire de votre cycle ? Connectez-vous à elle dans les premiers jours de la phase, et aussi souvent que nécessaire par la suite, avec ce rituel !

1. Je me prépare avec un crystal grid

Vous allez vous connecter avec l'archétype de la mère. Purifiez l'espace, préparez vos pierres (chrysocolle, pierre des fées, pierre de lune, pierre de soleil, rhodochrosite, cristaux de roche) et autres éléments. Placez la pierre centrale, puis disposez intuitivement les autres.

Mon crystal grid de la mère

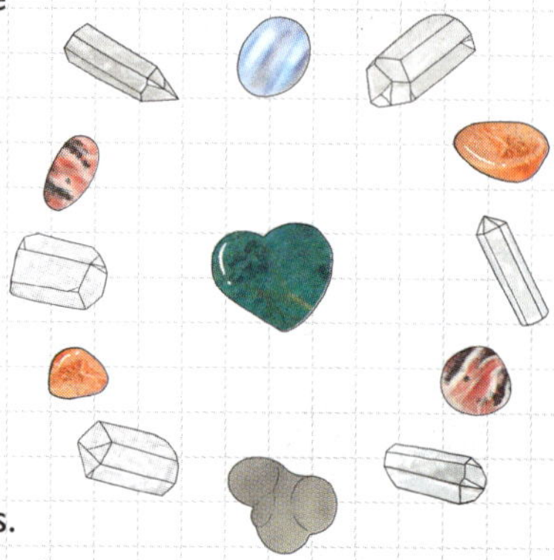

1. Au centre, placez une chrysocolle, idéalement en forme de cœur. La chrysocolle, avec son camaïeu bleu-vert, nous rappelle la Terre vue du ciel. Le message de la chrysocolle est un message de paix et d'amour de la nature qui nous invite à l'harmonie et la gratitude envers la vie et ses trésors, interconnectée à l'énergie de la mère qui nourrit son terreau, veille sur son foyer comme la Terre veille sur ses habitants. Précieuse alliée des femmes, la chrysocolle aide à harmoniser le cycle féminin et les accompagne durant l'expérience de la maternité (grossesse et accouchement) ; au Pérou, l'on en offre traditionnellement une aux femmes enceintes.
2. La pierre des fées agira en synergie avec la chrysocolle dans la connexion à la Terre Mère et au pouvoir féminin. Pierre de fécondité du corps et de l'esprit, elle présente des rondeurs qui évoquent la générosité du corps des femmes, leur lien à la déesse mère originelle. Elle aide à se défaire d'éventuels blocages liés à la maternité et à la sexualité.
3. La pierre de lune favorisera la réceptivité de la mère, sa connexion à sa féminité sacrée et au Grand Tout. En Inde, les amoureux la portaient en période de lune croissante pour que leur amour grandisse.
4. En synergie avec la pierre de lune, utilisez la pierre de soleil. Son énergie rayonnante soutient l'optimisme et la confiance en soi de la mère.
5. Pour accompagner l'énergie compatissante de la mère, rien de tel que la rhodochrosite, dont le rose enveloppant rappelle les parois de notre chaudron utérin. Cette pierre invite

à l'altruisme, à la compassion et à l'amour de soi, dans toute notre palette d'émotions et de sentiments.

6. Les cristaux de roche amplifient l'action des autres pierres.

Installée face à votre mandala de cristaux, vous sentez l'énergie des pierres se diffuser. Vous voilà prête à inviter la mère afin qu'elle vous délivre son message.

2. J'invoque la mère en moi

Vous sentez sa présence généreuse à vos côtés, éveillée par les cristaux. Dans ce silence fécond propre à la méditation, vous êtes prête à entendre le message de la mère.

« Je suis la mère aimante, déesse originelle de l'abondance, Danu, Gaïa, Déméter, Hathor, Héra, Parvati, l'épouse fidèle de Shiva. Tel le soleil éclatant de l'été, je rayonne sur mon foyer. Avec moi, tu te connectes à l'énergie nourricière de la Terre ; comme elle, dans mon ventre sacré, j'abrite les mystères de la vie et me laisse traverser par elle. Gardienne des eaux matricielles et de la sagesse du corps des femmes, je t'invite à t'abandonner à ta sensualité. Avec moi, tu explores une sexualité sacrée, l'union parfaite du corps et de l'esprit, de la passion et de la tendresse, une union puissante, cosmique, qui te relie au plus vaste que toi. Je t'invite à te connecter à ce lien spirituel qui te montre le chemin de l'harmonie entre les plaisirs terrestres et le divin en toute chose. Viens, je t'emmène sur la voie de tes sens pour savourer les

La mère dans mon quotidien

1. Quelle place tient l'amour dans votre quotidien ?

....

....

....

La mère vous montre le chemin de l'action dirigée par l'élan du cœur.

2. Savez-vous prendre soin de vous et des autres ?

....

....

....

La mère vous enseigne comment être présente pour vos proches.

3. Prenez-vous trop soin des autres aux dépens de votre bien-être personnel ?

....

....

....

Soyez vigilante à ne pas tomber dans l'excès de cet archétype. Un juste équilibre est à trouver.

4. Quel rapport entretenez-vous avec la Terre Mère ?

....

....

....

La mère vous montre que tout est interrelié ; vous êtes la Terre autant qu'elle est vous.

plaisirs simples de la vie : un repas savoureux entre amis, la joie de regarder tes enfants jouer et grandir, le feu crépitant dans ton foyer. La mère met sa magie personnelle au service des autres. Avec moi tu explores ta créativité nourricière et tu insuffles de la beauté dans toutes tes réalisations.
Lorsque tu te sens vulnérable, je suis cette mère rassurante qui t'indique la voie de la confiance. Écoute, c'est la voix de ton cœur qui te parle et te guide.
Avec moi tu prends conscience que cet amour inconditionnel est le moteur de tes actes.
Embrasse ta douceur, c'est d'elle que tu puises ta force. »

Les yeux fermés, laissez résonner en vous le message de la mère encore quelques instants. Puis, lorsque vous êtes prête, ouvrez les yeux et prenez le temps de voir comment cet archétype peut vous accompagner concrètement dans votre quotidien.

Mon programme cocooning : je diffuse ma beauté créative !

Profitez de l'énergie créative de cette phase pour libérer le don de votre créativité avec grâce. Vos alliés végétal, animal et minéral vont vous aider à prendre soin de vous grâce à un massage à base d'huile essentielle, à une méditation avec l'abeille et à l'énergie d'un cristal à porter sur vous durant cette période.

Mon allié végétal : l'huile essentielle de néroli, pour nourrir ma sensualité

L'huile essentielle de néroli est obtenue à partir de la distillation des fleurs du bigaradier, arbre produisant l'orange amère. Son parfum envoûtant ravira vos sens et vous éveillera à votre sensualité. Elle vous offrira le délassement dont vous avez besoin après une journée consacrée aux autres. Dans un flacon de 100 ml d'huile végétale neutre (sésame par exemple), diluez 80 gouttes d'huile essentielle (soit 5 ml). Massez-vous les pieds en faisant de petits cercles ; insistez sur la voûte plantaire comme si vous pétrissiez une pâte. Passez vos doigts entre les orteils. Puis massez vos chevilles, notamment le creux sous le petit os rond à l'extérieur (la malléole externe).

→ Ce massage est idéal le soir après une longue journée !

Mon allié animal : l'abeille, pour apprendre à donner

L'abeille peuple la Terre depuis près de 80 millions d'années. Cette ancienne est l'animal de l'intelligence collective. Les ruches abritent parfois plus de 50 000 individus, avec en leur cœur la reine, mère de toutes les abeilles. Chacune œuvre pour le bien de la communauté : les abeilles sont capables de maintenir la ruche à une température idéale, qu'elles augmentent en hiver et diminuent en été grâce au battement de leurs ailes. L'abeille nous apprend donc à nous mettre au service du collectif et à œuvrer ensemble pour le bien-être commun et

le respect de la Terre Mère. Cet animal est d'ailleurs devenu un emblème du réchauffement climatique, sa disparition ayant des conséquences dramatiques sur la pollinisation.
L'abeille nous permet aussi de faire le pont entre le spirituel et le terrestre. Chez les Celtes, elle était la manifestation de la déesse mère Henwen, qui enfanta un grain de blé et une abeille, symbole de fertilité. On retrouve aussi l'abeille sur des temples dédiés à Artémis, Aphrodite et Déméter ; les prêtresses en charge du culte des déesses portaient d'ailleurs le nom de Melissae (« abeilles » en grec). L'abeille nous connecte au divin en nous, à notre féminité profonde, et nous montre comment incarner cet archétype de la mère universelle au cœur de sa ruche.

Ma respiration de l'abeille

Pour vous relier à l'esprit de l'abeille, pratiquez la respiration bhramari : asseyez-vous confortablement et bouchez vos oreilles avec vos pouces ; déposez les autres doigts sur votre tête. Fermez les yeux, prenez une profonde inspiration et sur l'expiration, la bouche fermée, laissez venir du fond de la gorge un son de bourdonnement. Pratiquez l'exercice environ 5 minutes. Les vibrations produisent une onde de détente pour le corps et l'esprit. Dans la phase de la mère, cela permet de s'offrir un temps de recentrage, nécessaire pour continuer à prendre soin des autres.

→ Cette respiration a des effets calmants pour le corps et l'esprit ; pratiquez-la en journée si vous en ressentez le besoin et/ou le soir avant le coucher.

Mon allié minéral : la cornaline, pour booster ma créativité

Les vibrations orangées de la cornaline nous rappellent les couchers de soleil de la fin de l'été. Pierre de féminité par excellence, elle nous relie à la puissance créatrice de la Terre. Elle favorise à cet égard l'énergie créatrice de la mère (activités manuelles, vision board, etc.).

→ Pendant cette phase, portez-la sur vous en bijou ou glissez-la dans votre poche pour laisser son rayonnement créatif insuffler de la beauté dans votre quotidien.

La phase prémenstruelle : l'enchanteresse s'exprime

Avec l'enchanteresse, nous entrons dans une phase intense physiquement et émotionnellement. Juste avant les règles, notre corps se prépare à la grande mue. Cette période peut être remuante, surtout après la plénitude de la mère.

Qu'est-ce qui se passe en moi ?

La phase prémenstruelle s'étend du vingt et unième jour du cycle jusqu'au vingt-huitième. Elle est souvent vécue comme un tsunami physique et émotionnel. Les taux de sérotonine et de dopamine, les neurotransmetteurs responsables de notre bien-être, sont bas.
D'un point de vue hormonal, les œstrogènes et la progestérone diminuent de jour en jour, avec un impact sur notre énergie globale. Tout notre corps se prépare à la grande mue de nos

règles et pour certaines femmes, cela engendre des sensations corporelles désagréables, ce que l'on appelle le syndrome prémenstruel (SPM). Le SPM est lié à un déséquilibre hormonal entre la progestérone et les œstrogènes. Quand il y a trop d'œstrogènes et pas assez de progestérone, il en résulte une inflammation. Pour aider le corps à éliminer les œstrogènes et donc à rééquilibrer les taux hormonaux, veillez à ne pas surcharger votre foie. Votre allié végétal vous soutiendra dans la détox de cet organe.

Les signes de cette phase
Le ventre se fait parfois lourd, la poitrine tendue... Cela cumulé à la fatigue corporelle, nous devenons irritables, hypersensibles, parfois agressives. Ce sont les montagnes russes dans le corps et dans la tête ! Et vous, quels signes ressentez-vous ? Remplissez votre roue des lunes !

La femme sauvage en moi pendant cette période : l'enchanteresse

Gardienne du chaos créatif, l'enchanteresse remet tout en cause, fait le tri et, tel le phœnix, sort grandie de cette phase du cycle. Sa saison est l'automne, celle du tri (de notre maison mais aussi de nos pensées, de nos relations, etc.) pour entrer dans la période hivernale dans la plus grande simplicité. Avec l'enchanteresse, nous nous affirmons pour être au plus proche de nous-mêmes. Cela est parfois remuant car l'enchanteresse vit d'intenses émotions, mais elle est aussi très en lien avec son intuition et sa spiritualité, qu'elle nourrit grâce à une créativité flamboyante.

1. Je me prépare avec un crystal grid

Vous allez vous connecter avec l'archétype de l'enchanteresse. Purifiez l'espace, préparez vos pierres (tourmaline noire, quartz à inclusions de tourmaline, apatite bleue, manganocalcite, quartz hématoïde, grenat, cristaux de roche) et autres éléments. Placez la pierre centrale, puis disposez intuitivement les autres.

Mon crystal grid de l'enchanteresse

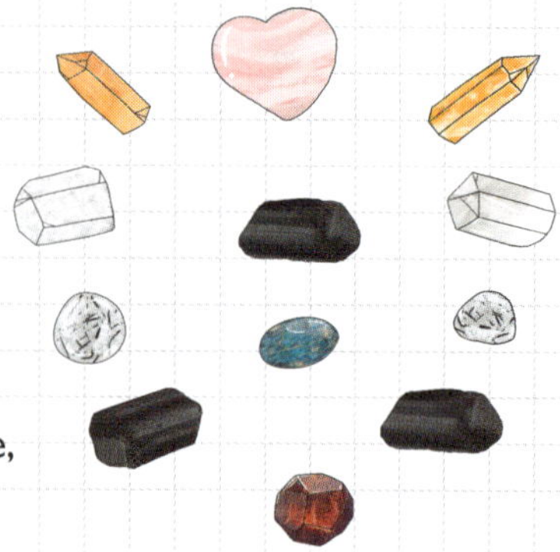

1. Au centre, placez une tourmaline noire ; puissante pour transformer et purifier les énergies négatives, elle offrira en même temps un fort ancrage émotionnel, aidant l'enchanteresse à se libérer de la peur et de la colère.
2. Le quartz à inclusions de tourmaline offrira un équilibre apprécié entre l'ancrage et l'ouverture de la conscience ; c'est l'alliance parfaite de la lumière et de l'ombre. Il aidera à faire le tri dans les conditionnements obsolètes dont l'enchanteresse entend se défaire (nos habitudes de pensée,

la manière dont nous réagissons face à une situation…) tout en lui ouvrant les portes d'une conscience plus ouverte.

3. L'apatite bleue sera une précieuse alliée pour accompagner l'enchanteresse dans cette réceptivité accrue tout en l'aidant à accueillir son flot émotionnel. Elle fera circuler les énergies et travaillera en profondeur sur la mémoire enfouie, mais aussi sur les rêves.
4. Dans son tsunami émotionnel, l'enchanteresse peut compter sur la manganocalcite, pierre du pardon, qui laisse partir la peur et le chagrin au profit de l'acceptation de soi. Son énergie douce dissout les résistances, les tensions nerveuses et l'anxiété. Un véritable doudou pour l'enchanteresse.
5. Le quartz hématoïde, avec sa belle énergie solaire, crée l'harmonie entre le corps, le cœur et l'esprit. Il soutiendra physiquement l'enchanteresse si celle-ci se sent fatiguée ou frustrée, le quartz hématoïde aidant à transformer la colère en une force dynamique positive.
6. Le grenat, avec son rouge sanguin, connectera l'enchanteresse à sa sensualité sauvage : pierre de l'érotisme, il l'accompagnera sur la voie de l'exploration de ses sens.
7. Les cristaux de roche amplifient l'action des autres pierres.

Installée face à votre mandala de cristaux, vous sentez l'énergie des pierres se diffuser. Vous voilà prête à inviter l'enchanteresse afin qu'elle vous délivre son message.

2. J'invoque l'enchanteresse en moi

Vous sentez sa présence magique à vos côtés, éveillée par les cristaux. Dans ce silence fécond propre à la méditation, vous êtes prête à entendre le message de l'enchanteresse.

« Je suis l'enchanteresse, la magicienne, Morgane la fée, Kali la destructrice, Lilith la rebelle, Circé qui punit les marins d'Ulysse en les transformant en porcs. Je suis la foudre et le feu, reine du grand chaos ; avec moi, l'ancien se consume dans le brasier de l'automne. Je t'invite à la grande mue avant d'entrer dans tes profondeurs. Gardienne du cycle vie-mort-vie, je t'invite au tri conscient de tes relations, de ta maison, de tes schémas de pensée. Avec moi, tu remets tout en cause ; la destruction bien dirigée est créatrice, le feu consume et purifie. Je t'enseigne que l'ombre est la racine de la lumière ; dans les extrêmes et la dualité, trouve ton chemin pour avancer. Avec moi tu vas déployer ta palette créative, dans un tourbillon de couleurs tu déploies ta magie ensorcelante. Ensorceleuse, séductrice, oui, tu l'es. Parfois surprise de ce feu intérieur qui brûle au cœur de tes entrailles. Ne retiens pas cette pulsion, ce désir de vie et de l'autre. Libère ta sexualité sauvage, ose l'érotisme de ton corps. Ce corps, source de plaisirs terrestres, est le temple de ton âme. Ressens-tu ce rapport épidermique au monde ? Tu sens, ressens, pressens, intuitive et médiumnique. Avec moi, tu contactes ta spiritualité pour l'incarner dans la matière, tu contactes ton besoin de

t'élever et de te relier. Connectée à l'invisible, je t'invite à utiliser les oracles et les runes pour te relier au grand mystère. Lorsque tu te sens agitée, nerveuse, en colère, je suis la magicienne qui te montre comment transformer ta frustration en puissante énergie créatrice.

Accueille le chaos en toi.
Embrasse tes propres paradoxes.
Déploie ta magie. »

Les yeux fermés, laissez résonner en vous le message de l'enchanteresse encore quelques instants. Puis, lorsque vous êtes prête, ouvrez les yeux et prenez le temps de voir comment cet archétype peut vous accompagner concrètement dans votre quotidien.

L'enchanteresse dans mon quotidien

1. Savez-vous vous affirmer ou avez-vous tendance à vous adapter, quitte à vous oublier ?

....

....

Profitez de la phase de l'enchanteresse pour donner votre point de vue, affirmer vos positions et incarner votre posture.

2. Faites-vous souvent le tri chez vous ou avez-vous tendance à stocker ?

....

....

L'enchanteresse peut vous aider à avoir une vision globale et ainsi à discerner ce dont vous n'avez plus besoin et qui pèse sur votre quotidien.

3. Osez-vous suivre vos désirs et incarner une femme séductrice ?

....

....

L'enchanteresse vous guide sur ce chemin de la féminité sensuelle.

4. Êtes-vous sujette à la colère et à la frustration ?

....

....

Soyez vigilante, l'enchanteresse s'emporte vite et gare à celui qui entrave son chemin ! Prenez le temps d'apaiser votre feu durant cette période, pour qu'il ne vous consume pas.

Mon programme cocooning : je fais le tri !

L'enchanteresse est une alchimiste de sa vie : elle se renouvelle et se recrée. Inspirée par cette énergie, faites place au tri ! Cela commence par le désencombrement de votre intérieur : triez les vêtements, les livres et les objets dont vous ne voulez plus. Si vous hésitez pour certains objets, placez-les dans un carton et attendez quelques mois. Si au bout de 6 mois, vous n'avez pas eu besoin d'ouvrir le carton, c'est sûrement que son contenu n'est pas nécessaire ! Il s'agit aussi de décloisonner votre esprit et vos habitudes de pensée. La phase de l'enchanteresse est idéale pour réaliser les changements que vous souhaitez opérer !

Mon allié végétal : le romarin, pour me détoxifier

Soutenez le processus de purification du corps avec une tisane de romarin : faites simplement infuser une branche fraîche ou séchée dans de l'eau chaude. Le romarin est une plante efficace pour la détox du foie. Si ce dernier est surchargé, les œstrogènes se dégradent moins bien, engendrant le fameux déséquilibre entre progestérone et œstrogènes.

→ Buvez-en 3 à 5 tasses par jour durant cette période.

Mon allié animal : le serpent, pour me transformer de l'intérieur

Associé à l'énergie vitale, à la montée de la kundalini (notre énergie sexuelle dans la tradition indienne), à la fois animal de savoir et de péché originel, le serpent repousse autant qu'il fascine. Il est le symbole de l'ambivalence, du mystère, mais aussi de l'intelligence. Le serpent est celui qui sait se réinventer en changeant de peau ; il nous invite à cette mue nécessaire pour nous renouveler à l'infini.

Ma méditation pour me relier au serpent

Pour vous relier à l'esprit du serpent, allumez une bougie et asseyez-vous en méditation. Revenez à votre souffle pour canaliser votre esprit, puis dirigez votre expiration vers le bas-ventre, en direction du chakra racine. Sentez le contact de votre périnée avec votre support. Sur chaque inspiration, remontez en spirale le long de votre colonne vertébrale. Pratiquez ainsi pendant plusieurs respirations. Puis installez-vous dans votre ventre, le siège de vos émotions, de vos envies, là où votre serpent intérieur, l'intestin, se loge : il digère vos nourritures terrestres et émotionnelles, serpente dans votre bas-ventre, où sourdent vos désirs les plus profonds. Dans cette introspection, dressez un bilan de ce mois écoulé : qu'avez-vous à digérer qui ne l'est pas encore ? Comment pouvez-vous vous alléger ? Que pouvez-vous laisser derrière vous ? Comment dépasser la colère et la peur pour vous rapprocher de celle que vous êtes fondamentalement ? Laissez-vous guider par la médecine du serpent dans ce travail de mue, puis remerciez-le pour son enseignement. Finissez cette méditation en écrivant ce dont vous voulez vous défaire dans votre vie, puis brûlez la feuille et laissez œuvrer la médecine du feu (le feu nous permet de consumer, brûler et donc faire disparaître symboliquement ce dont nous ne voulons plus dans notre vie).

→ Pratiquez cette méditation à un moment calme de la journée, au début de la phase de l'enchanteresse.

Mon allié minéral : la tourmaline multicolore ou melon d'eau, pour me libérer des blocages et des idées négatives

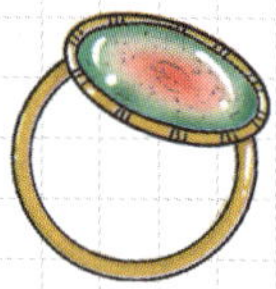

Le nom « tourmaline » est dérivé du mot cingalais *tōramalli*, qui signifie « pierre aux couleurs mélangées ». La tourmaline melon d'eau envoûte par sa palette aux multiples couleurs. Comme évoqué avec le crystal grid, la tourmaline nous aide à nous défaire de nos vieux schémas au profit de l'ouverture, de la clairvoyance et du renouvellement. C'est un puissant pont entre le ciel, nos aspirations spirituelles, et la Terre, l'enracinement sans lequel on risque de se perdre en chemin. Le rose de la tourmaline melon d'eau libère les blocages et énergies négatives tournées contre soi pour favoriser l'acceptation et l'amour de soi. Une alliée puissante et magique pour l'enchanteresse !

→ Portez-la sur vous, dans votre poche, pendant toute cette phase.

Je danse avec toutes mes femmes intérieures

Quel voyage vous venez de faire ! Une plongée dans votre féminité multidimensionnelle, plurielle et puissante. Peut-être vous demandez-vous comment vivre avec toutes ces femmes en vous ? Comment les intégrer à votre quotidien ? Il y a un mouvement continu et fluide entre les phases du cycle, elles interagissent entre elles dans une danse cosmique. Les jours et durées des différentes phases sont d'ailleurs fournis à titre indicatif, car le cycle menstruel est variable selon chaque femme. Il en est de même pour les archétypes, qui sont poreux entre eux : parfois vous sentez en vous l'énergie de la jeune fille alors que vos règles ne sont pas totalement terminées. Les femmes enceintes ressentiront plus intensément la phase de la mère durant les mois de leur grossesse. Ces archétypes ne sont pas là pour vous enfermer, mais pour vous ouvrir à votre multidimensionnalité, pour vous faire prendre conscience que vous êtes toutes ces déesses, plurielle et unique à la fois, une femme qui se déploie dans tous les domaines et dans toutes les dimensions. Lorsque vous identifiez la phase dans laquelle vous êtes, vous pouvez vivre en harmonie avec votre cycle et essayer d'organiser votre quotidien en fonction, en évitant par exemple de prendre trop de rendez-vous

professionnels lorsque vous êtes dans la phase de la femme sage. Si vous ne pouvez pas modifier votre quotidien en fonction de votre cycle, prendre conscience de la phase dans laquelle vous êtes peut vous permettre de relâcher la pression : vous n'êtes pas efficace aujourd'hui ? OK, pas de panique : c'est juste l'affaire de quelques jours. Quel soulagement !

Je réalise mon tableau archétypal

Afin d'unifier toutes les facettes de votre féminin sacré, réalisez un tableau réunissant les 4 grands archétypes. La vision circulaire va vous aider à embrasser toutes vos polarités et à prendre conscience que les phases sont poreuses entre elles, que l'on passe de l'une à l'autre tout naturellement. Si vous avez l'occasion de le faire entre amies ou avec des femmes de votre famille, vous serez surprise de la pluralité des tableaux, chacune incarnant les archétypes avec sa propre personnalité.

DIY vision board

Pour cela, vous avez besoin de plusieurs magazines (féminins, de déco, culinaires, spiritualité, etc.), de colle, de ciseaux et d'une grande feuille à dessin.

1. D'abord, découpez dans les magazines des images qui vous parlent, vous plaisent, vous appellent. Ne réfléchissez pas, ne filtrez pas ! Vous aimez cette image ? Déchirez-la ou découpez-la !
2. Disposez ensuite ces images devant vous et répartissez-les en fonction des caractéristiques de chaque archétype.
3. Divisez votre feuille en 4 parties et collez-y les images, en commençant par la femme sage, puis la jeune fille, la mère et pour finir l'enchanteresse. Vous pouvez ajouter des mots-clés, des dessins, tout ce qui vous relie à chaque archétype et que vous souhaitez voir figurer sur votre tableau.
4. Vous pouvez ensuite afficher votre tableau chez vous pour vous nourrir de ses images.

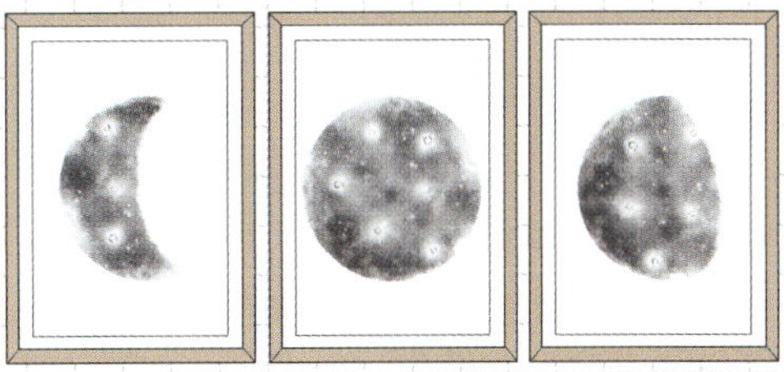

Mon cycle et le cycle de la lune

Et si nous affinions encore notre connexion à notre cycle menstruel en nous reliant à l'astre lunaire ? En effet, depuis la nuit des temps, les femmes suivent leur cycle en se fondant sur le cycle lunaire. La lune

met environ 29 jours à faire le tour de la Terre et le cycle féminin dure entre 28 et 30 jours. On comprend mieux la synergie qui existe entre les deux, jusque dans l'étymologie du terme « menstruation », qui vient du latin *mensis*, « mois », et prend racine dans *mehns*, qui signifie « lune ». Comme la femme, la lune vit chaque mois 4 phases, qui ont chacune une énergie faisant écho aux archétypes.

Les énergies de la lune

La nouvelle lune

La nouvelle lune marque le début du cycle et correspond aux jours 1 à 7. La lune n'apparaît alors pas dans le ciel, elle est dissimulée aux yeux humains, obscure : c'est le temps de l'intériorité et de la méditation. La nouvelle lune correspond à la femme sage, la sorcière. C'est le temps du rêve, de la réceptivité, le moment idéal pour concevoir des projets.

→ **To do pendant cette période :** je pose mes intentions.

La lune croissante (premier quartier)

La lune croît ensuite entre le huitième et le quatorzième jour : c'est la phase du premier croissant, qui correspond à l'ascension de la jeune fille. C'est une phase dynamique, idéale pour réaliser ses projets.

→ **To do pendant cette période :** je planifie et mets en œuvre mes projets.

La pleine lune

La lune est à son zénith entre le quinzième et le vingt-deuxième jour. Elle est alors ronde, pleine, lumineuse, comme l'archétype de la mère. C'est souvent un temps de brassage de nos eaux, le sommeil peut être agité quelques jours avant et après. La pleine lune invite à se renouveler.

C'est le moment de rendre grâce et de purifier vos objets magiques (cristaux, statuettes, supports divinatoires) sous l'astre lunaire.

→ **To do pendant cette période :** je remercie et je célèbre ; baignée par le rayonnement lunaire, je fais des rituels de gratitude.

La lune décroissante (dernier quartier)

Puis la lune décroît entre le vingt-troisième et le vingt-neuvième jour ; c'est le temps de l'enchanteresse, intuitive et animale. Entre ombre et lumière, nous descendons dans nos profondeurs.

→ **To do pendant cette période :** je ralentis pour descendre progressivement dans mes profondeurs. Je m'offre du temps pour moi et j'écoute mon intuition.

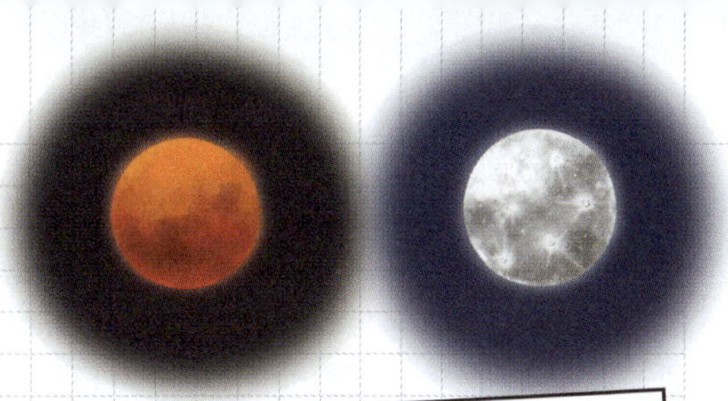

Lune blanche et lune rouge

Pour certaines femmes, le syncrétisme est tel que leurs règles sont coordonnées avec le cycle lunaire. Miranda Gray parle de « lune blanche » pour les femmes dont l'ovulation se produit durant la pleine lune et qui ont leurs règles à la nouvelle lune, et de « lune rouge » pour celles qui ovulent à la nouvelle lune et ont leurs règles à la pleine lune. Si votre cycle n'est pas synchronisé avec celui de la lune, pas de panique ! Ce n'est pas une fin en soi.

Et si mon cycle n'est pas synchronisé avec la lune ?
Il y a de fortes chances que votre cycle soit déjà synchronisé avec la lune, mais que vous ne le sachiez pas encore ! Si ce n'est pas le cas, vous pouvez vous relier à l'astre lunaire, observer ses phases, construire vos rituels, porter l'intention d'avoir vos lunes soit à la nouvelle lune, soit à la pleine lune. Votre cycle s'harmonisera alors certainement avec Grand-Mère Lune !

Pourquoi synchroniser mon cycle avec celui de la lune ?

Pour cheminer plus profondément au cœur de votre spiritualité féminine, bien sûr ! Comme nous l'avons vu, chaque mois nous vibrons au rythme des 4 phases avec une énergie bien particulière. Au rythme de notre cycle s'ajoute le ballet lunaire, écho extérieur de ce que nous vivons à l'intérieur de nous-mêmes. Traditionnellement, les femmes avaient leurs menstruations au moment de la nouvelle lune, puisqu'elles ovulaient à la pleine lune, la lumière lunaire déclenchant l'ovulation. Aujourd'hui, les lumières artificielles ont tendance à perturber cette synchronicité naturelle. Si vous avez vos règles au moment de la nouvelle lune, vous allez pouvoir renforcer le travail d'intériorité et de réceptivité propre à la femme sage grâce à l'obscurité de l'astre lunaire. Les règles durant la pleine lune sont certainement plus intenses physiquement et émotionnellement : la pleine lune nous invitant à la transformation, son énergie est dirigée vers l'extérieur, alors que les règles nous invitent à habiter notre monde intérieur. Dans ce brassage a priori contradictoire, vous vivez un puissant processus de transmutation. Les menstruations en lune croissante sont également intenses, car c'est une phase de dynamisme alors que le corps est plutôt dans un besoin de repos. Les règles en lune décroissante sont plus paisibles puisque l'énergie est descendante et invite à l'intériorité.

Je complète ma roue des lunes avec le cadran lunaire

Sur votre cadran lunaire, vous pouvez ajouter les phases de la lune ! En plus d'observer vos ressentis, vos besoins, votre énergie en suivant votre cycle, vous allez pouvoir découvrir l'influence qu'a la lune sur vous. Sur votre cadran, indiquez la pleine lune par un cercle blanc et la nouvelle lune par un cercle plein noir. Au moment des nouvelles et pleines lunes, affinez vos observations sur vos ressentis émotionnels, notez vos rêves et suivez votre intuition !

J'honore la lune en pratiquant la salutation à la lune

La salutation à la lune, chandra namaskar, est un enchaînement de yoga idéal pour les femmes car elle travaille sur le bassin. Elle a un effet délassant grâce à la fluidité de son enchaînement et ses transitions douces. Idéalement, pratiquez-la le soir, les nuits de pleine et nouvelle lune. C'est un rituel incontournable pour vous relier à Grand-Mère Lune !

1. Placez-vous debout, les jambes serrées l'une contre l'autre. Sur une inspiration, élevez les bras et crochetez les pouces.

2. À l'expiration, réalisez une flexion latérale à droite.

3. À l'inspiration, revenez au centre en vous grandissant.

4. À l'expiration, faites une flexion latérale à gauche, puis revenez au centre en vous grandissant à l'inspiration.

5. À l'expiration, écartez largement les jambes et fléchissez les genoux, les bras en chandelier, dans la posture de la déesse Durga.

6. À l'inspiration, remontez, les bras parallèles au sol, les jambes tendues.

7. À l'expiration, réalisez une flexion à gauche en gardant le bassin dirigé vers l'avant. Inspirez dans la posture.

8. À l'expiration, tournez-vous vers la gauche et posez les 2 mains sur le pied gauche.

9. Le genou droit se pose au sol. Inspirez ainsi en fente, les mains au sol.

10. À l'expiration, revenez de face, accroupie, avec la jambe gauche toujours fléchie et la jambe droite tendue, les mains posées au sol devant le bassin ou en prière devant la poitrine.

11. À l'inspiration, passez accroupie sur votre jambe droite. Expirez ainsi, jambe droite fléchie et jambe gauche tendue, les mains au sol ou en prière.

12. À l'inspiration, tournez-vous vers la droite, dans la posture de la fente, avec les deux mains de part et d'autre du pied droit.

13. À l'expiration, tendez un peu plus la jambe droite et revenez dans une sorte de triangle.

14. À l'inspiration, tournez le buste devant vous, main droite le long de la jambe droite, bras gauche levé. Expirez dans la posture.

15. À l'inspiration, redressez-vous, les deux jambes tendues, les bras parallèles au sol.

16. À l'expiration, fléchissez les jambes, bras en chandelier, dans la posture de la déesse Durga.

17, 18 et 19. À l'inspiration, resserrez les jambes, les bras tendus au-dessus de la tête, pouces crochetés. Expirez en exécutant une flexion latérale à gauche, inspirez en revenant au centre en vous grandissant, expirez dans une flexion latérale à droite et expirez en revenant au centre en vous grandissant.

Répétez l'enchaînement au moins 3 fois et autant de fois que cela est agréable pour vous.

Salutation à la lune

Bravo, vous avez bien avancé sur la voie de votre féminin sauvage ! Vous êtes bien dans votre peau, votre corps n'a plus de secrets pour vous et vous vivez en harmonie avec vos émotions (chapitre 2). Fière de vous, vous avancez en confiance. D'autant plus que vous savez maintenant vivre au rythme de votre cycle en accueillant vos 4 phases, vos 4 archétypes, éventail polychrome de vos énergies féminines. En vous reliant à la lune, vous avez pris conscience que vous faites partie d'un vaste tout, vous êtes une étoile scintillant dans le cosmos. Vous êtes cette femme sauvage qui danse sous la lune, l'honore et s'y relie. De tout temps les femmes se sont reliées à la lune, vous venez de vous réapproprier un savoir ancestral. Cette sagesse millénaire vibre dans votre corps. Et ce n'est que le début ! Votre féminin sauvage vibre aussi au rythme des saisons.

Chapitre 4

Mon féminin sauvage au rythme des saisons

Bien souvent nous dissocions la nature de nous-mêmes. Nous avons conscience d'en faire partie, nous nous sentons bien à son contact, mais nous peinons à sentir que nous sommes la nature. Pourtant nous sommes un paysage dans l'aquarelle terrestre et nous vibrons au rythme de la nature. Imprégnez-vous de l'énergie des saisons et apprenez à vivre en synergie avec elles !

Je me relie à la Terre

Le mot « écologie » prend racine dans le terme grec *oikos*, qui veut dire « maison ». Et si l'écologie était une invitation à prendre soin de sa maison, la Terre bien sûr, mais aussi sa maison intérieure ?

Je suis la nature !

L'homme est un réceptacle entre le ciel et la terre. D'ailleurs, « humain » et « humus » viennent de la même racine ; nous sommes façonnés d'un même terreau. Notre corps est le reflet du macrocosme : nos poumons ressemblent à une canopée, nous avons la verticalité de l'arbre, notre peau est une écorce protectrice, les bébés dans leur vie intra-utérine vivent dans un liquide qui les relie à l'aube de l'humanité, etc. Nous formons un tout !

L'écologie intérieure, pour écouter ma nature de femme sauvage et la nature tout court

L'écologie intérieure, c'est découvrir et approfondir sa connexion à soi-même, en lien avec l'écosystème humain, animal et végétal. Il s'agit de prendre soin de soi (notamment en apprenant à se connaître) pour prendre soin des autres et de la planète.
C'est donc l'histoire d'une relation entre l'homme et la nature. Le druidisme utilise le terme « awen » pour parler de cette relation. Il s'agit d'un mot celtique dont la signification première est l'inspiration et la poésie dont jouissaient les bardes. Dans le druidisme, l'awen explique la connexion avec le divin et ponctue souvent les cérémonies. C'est un souffle poétique, inspirant, un échange permanent entre le dedans et le dehors, un écho résonnant au sommet d'une montagne ou dans les profondeurs d'une forêt. L'awen, c'est le flux de la vie, le lien entre la sève de l'arbre et le sang dans le corps. Il nous rappelle que tout est flux et reflux, dans un cycle perpétuel : la danse des saisons, le jour qui se lève, puis se couche et renaît. Un ballet perpétuel et immuable qui rythme nos vies.

Comment nourrir mon écologie intérieure ?

Il y a autant de manières de nourrir son écologie intérieure que d'êtres humains sur la planète ! L'essentiel est de nourrir son être intérieur pour se mettre en relation avec le monde, que cela soit en se baladant en forêt à la rencontre d'un animal ou d'un arbre, en étant touché par une musique sacrée ou par la beauté d'un tableau. Nourrir son écologie intérieure passe par un ralentissement pour s'adonner à la contemplation, ce moment de vide fécond où l'âme s'abandonne à la rêverie. C'est aussi la capacité à s'émerveiller de la beauté du monde en renouant avec les choses simples : savourer une mûre sauvage, admirer une goutte de pluie suspendue à un pétale de fleur, marcher pieds nus dans la rosée du matin. Nourrir son écologie intérieure, c'est habiter poétiquement le monde.

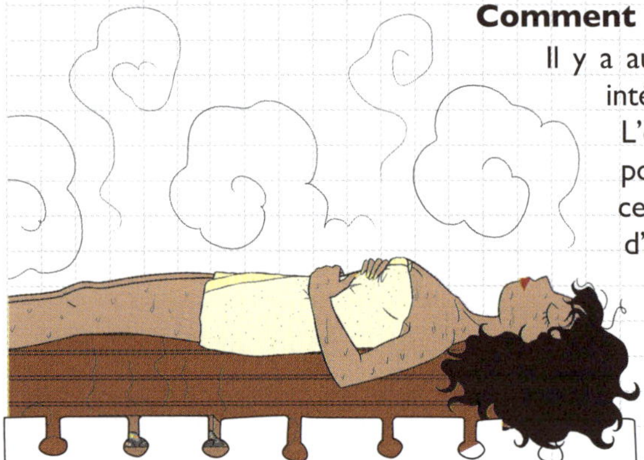

Je liste ce qui me nourrit en profondeur (nature, lecture, art, hammam, massage, etc.) :

- ....
- ....
- ....
- ....
- ....
- ....
- ....

Mon rituel d'écologie intérieure au quotidien

En vous fondant sur votre liste, prenez le temps, au moins une fois par semaine, de faire une des activités qui vous nourrissent profondément. Cette activité peut être inscrite dans votre agenda, mais attention, ce n'est pas une chose à faire en plus ! C'est un rendez-vous avec vous-même que vous devez vivre en conscience, c'est-à-dire en étant pleinement présente à vous-même. Prenez le temps de vous connecter à vos 5 sens et à vos ressentis corporels. Comment vous sentez-vous lorsque vous vibrez de tout votre être ?

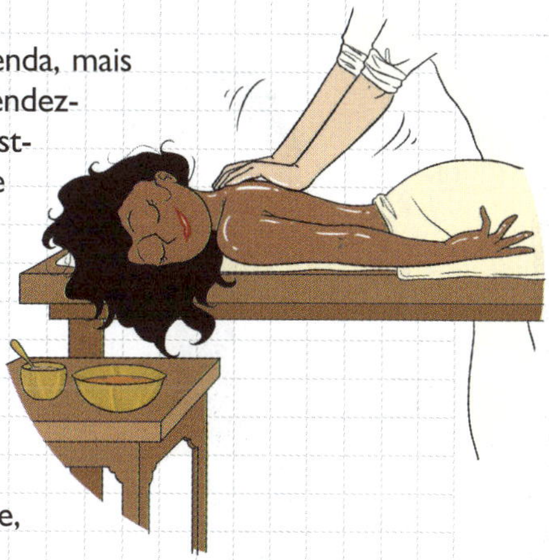

Femme et nature, un lien sacré

Dans notre ventre de femme vibrent les énergies de la Terre. La femme sauvage sait qu'elle est biche, caillou, fougère, rivière. Elle est dans tout et tout est en elle.

Mère Nature et déesse mère

À l'aube des temps, les peuples ne dissociaient pas les femmes de la nature. Enveloppées dans un mystère d'abondance, les femmes donnaient la vie au même titre que la nature pourvoyait aux besoins des hommes. C'est le temps de la Grande Déesse, la déesse mère aux formes généreuses. Ce culte de la fécondité a certainement duré de 25 000 à 3 000 av. J.-C. environ. Il célébrait les saisons et la lune, qui servaient de points de repère au temps qui passe. Les premiers calendriers lunaires datent du Paléolithique, comme celui de la Vénus de Laussel, qui porte à la main une corne entaillée de 13 encoches. Il est difficile pour notre société actuelle de s'imaginer comment vivaient nos ancêtres et quelle était chez eux la place réelle de la femme. Dans le monde sauvage qu'était leur quotidien, tout n'était que mystère. Que savaient-ils du processus complexe de la reproduction, qui fait que la femme abrite et donne la vie par un acte alchimique d'union avec son partenaire ? Ils vivaient si proches de la Terre qu'honorer les femmes et la Terre Mère était naturel et évident ; on honorait alors la magie au cœur de toute chose. Puis, cette sagesse s'est perdue. Les hommes ayant compris leur rôle dans la procréation, les femmes sont devenues une terre à cultiver comme on laboure un sol pour en récolter les fruits. Le soleil masculin a relégué la lune féminine dans l'ombre. Nous sommes encore aujourd'hui dans ce monde masculin qui a émergé à partir de 6 000 av. J.-C. Mais la sagesse féminine a perduré et renaît via le mouvement éco-féministe. Les femmes se connectent de plus en plus à la sagesse ancestrale fermement enracinée dans leur corps. Physiologiquement cyclique, la femme est intrinsèquement reliée à la nature tout au long de sa vie. Voyons à présent comment vivre nos saisons féminines en résonance avec le rythme annuel des saisons.

Mon chemin d'harmonie avec les saisons

Notre quotidien est plus souvent rythmé par le fameux « métro-boulot-dodo » que par les saisons. Grâce à l'électricité, nous avons même réussi à nous affranchir du rythme jour/nuit. Pourtant, lorsque l'on commence à se relier à l'énergie des saisons, elle devient palpable et l'on parvient à harmoniser sa vie. Et si vous changiez de triptyque et que vous adoptiez plutôt le « connectée-reliée-alignée » ? C'est une véritable révolution, car il s'agit de quitter le faire au profit de l'être.

3 raisons de suivre les saisons

Pour profiter des effets feel good de la nature

La nature a des effets bénéfiques sur notre corps et notre esprit. C'est ce que nous dit l'écothérapie ou « thérapie verte », qui est une approche du développement personnel s'appuyant sur la conviction que l'homme a évolué pendant la majeure partie de son histoire en interrelation avec la nature et que les maux que nous rencontrons aujourd'hui (stress, fatigue chronique, burn out) sont notamment liés à notre déconnection d'avec le milieu naturel. L'écothérapie prend plusieurs formes, par exemple le bain de forêt (méditation de pleine conscience en forêt ou grounding, voir p. 76).

Pour surfer sur l'énergie des saisons

Il est évident que l'on n'a pas la même énergie en plein hiver qu'au cœur de l'été. On est souvent fatiguée, plus casanière en hiver. Ce dernier invite au cocooning chez soi, quand la chaleur de l'été invite à sortir, à passer du temps dehors, dans la nature. C'est évident et pourtant, vous autorisez-vous ce temps de repos l'hiver ? Quels sont votre énergie et votre moral à l'automne ? Attendez-vous avec impatience le retour du printemps ? Votre horloge interne est intrinsèquement liée à la nature. En l'écoutant, vous vous reliez au cycle des saisons, donc à la nature cyclique de la femme sauvage. Plus vous serez en lien avec les saisons, plus vous nourrirez votre femme sauvage.

Pour vivre à mon rythme

Depuis plusieurs années, le mouvement slow life a le vent en poupe. On parle de slow fashion, slow food, slow consommation, slow sex, etc. Qu'est-ce que cela traduit ? Le besoin de ralentir pour profiter, goûter, savourer la vie. Notre société va vite, de plus en plus vite, et en parallèle, nous exprimons de plus en plus le besoin de ralentir et de vivre notre vie plus en conscience. Lorsque nous sommes dans la nature, il n'y a plus de passé ou de futur, mais simplement l'instant T, cette reliance indescriptible que nous ressentons lorsque nous plantons nos pieds dans le sol et laissons notre esprit rêver dans les étoiles. La femme sauvage a besoin de temps et d'espace pour nourrir son intériorité et cultiver son lien à la Terre. Sa sagesse intérieure lui demande de ralentir et de vivre à son rythme, sans quoi son quotidien perd en saveur et en sens.

Et si j'habite en ville ?

La nature, les saisons, tout ça c'est bien, mais voilà, vous êtes citadine ! C'est souvent le premier frein que l'on rencontre : loin de la poésie des champs, avec pour horizon le béton, la nature nous semble bien éloignée. Et pourtant, sous le béton, la terre ! La nature est présente partout, à condition de regarder : dans les fissures d'un mur, une brindille se fend un chemin ; dans une petite impasse, des jardins de ville fleurissent ; des arbres jalonnent les rues, etc. À n'en pas douter, la poésie de la nature est partout ! Par où commencer ? Grâce à vos 5 sens, vous pouvez vous imprégner des couleurs et des saveurs de la nature. Lors de vos balades, observez la couleur des arbres, leur feuillage, apprenez à sentir la différence épidermique entre un vent de printemps et un vent d'automne, observez la luminosité (les jours rallongent ou raccourcissent). Si vous prêtez attention à votre environnement, les saisons vont entrer doucement dans votre quotidien !

Je crée un autel saisonnier chez moi

Ritualisez le passage d'une saison à l'autre en allant glaner dans la nature de quoi aménager un autel de saison : plumes, feuilles, cailloux, glands, châtaignes, etc. Vous pouvez y ajouter des cristaux, des images qui vous évoquent la tonalité de chaque saison. Cela vous permettra de vous connecter quotidiennement à l'énergie de la saison que vous traversez.

Mon programme de connexion aux saisons

Chaque saison a son énergie propre et nous résonnons différemment avec chacune. Au même titre que nous avons appris à vivre notre cyclicité de femme, nous allons apprendre à nous inspirer du cycle de la nature pour apporter plus d'harmonie à notre vie et goûter à l'état de flow. Vous savez, cette sensation que tout est fluide et que nous sommes portées par une force invisible qui conspire à notre bien-être. C'est parti !

L'outil sacré de connexion au cycle des saisons : la roue de médecine

Parce que nos ancêtres vivaient en synergie avec la nature, ils ont développé une spiritualité en écho avec elle. L'année était rythmée par des fêtes qui célébraient la nature, sacralisaient le quotidien et permettaient de se réunir. C'est sur cette sagesse ancienne que nous allons nous appuyer pour nous reconnecter à notre propre sagesse, grâce à la roue de médecine amérindienne.

La roue de médecine, c'est quoi ?

La roue de médecine est au cœur de la spiritualité amérindienne. L'Amérique du Nord en comptait 20 000 lorsque les Européens y ont débarqué. À l'origine, c'était un cercle de 36 pierres qui représentaient l'ordre du monde, avec les points cardinaux, les saisons, des totems élémentaux, animaux, végétaux et minéraux. En bref, la roue de médecine est une sorte de cadran des saisons et du monde. Chaque saison, élément, totem est un symbole sacré qui prodigue un enseignement. En cela, la roue de médecine nous rappelle que l'homme fait partie d'un tout et qu'il est appelé à évoluer en harmonie avec son environnement.

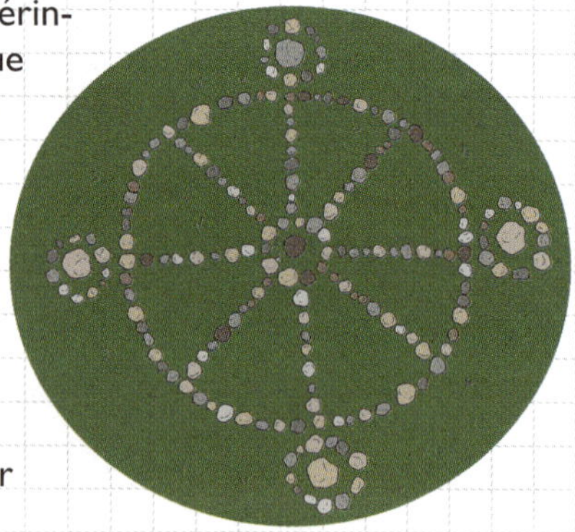

Qu'est-ce que la médecine amérindienne ?
La « médecine » est une méthode pour évoluer grâce aux enseignements des esprits. Elle désigne toute pratique visant à se relier au grand mystère et à tous les êtres vivants. Elle vise la guérison du corps, du mental et de l'esprit à l'échelle individuelle, en harmonie avec l'univers. La médecine est en lien avec notre pouvoir personnel mais désigne aussi la médecine des animaux, des végétaux et des minéraux qui peuvent nous délivrer des messages de guérison et nous accompagner pour avancer sur notre chemin de vie. Si vous faites appel au pouvoir d'un animal ou d'un végétal, vous vous reliez à son essence et vous en appelez aux forces qui lui sont propres pour relever les défis que vous rencontrez. La médecine amérindienne est un mode de vie, un chemin de guérison et d'harmonisation avec le grand mystère.

Sun Bear, descendant de la tribu des Chippewas, explique que « les roues de médecine étaient au centre des cérémonies. C'étaient à la fois des laboratoires astronomiques, des endroits particuliers où les gens venaient faire mémoire des dates et changements intervenant dans leur vie comme dans celle de la Terre. C'étaient des endroits où méditer, contempler, renforcer sa connexion à la nature et parvenir à un degré de compréhension de soi ». En résumé, la roue de médecine est une cosmologie à part entière qui permet de naviguer entre le microcosme (soi-même) et le macrocosme (la Terre).

Chaque tribu avait sa roue de médecine, avec ses variantes. Le cheminement qui vous est proposé ici s'appuie sur la transmission de Sun Bear et de Jamie Sams, femme d'origine cherokee, seneca et française qui a grandement diffusé la spiritualité féminine amérindienne. Cette roue de médecine est une version basique, pour commencer à vous familiariser avec cet outil. Vous pourrez ensuite continuer à l'explorer, la compléter, la personnaliser. Par exemple, ici, la roue de médecine intègre la roue de l'année celte, qui comprend 8 célébrations : Samhain, Imbolc, Beltane, Lugnasad, Yule, Ostara, Litha et Mabon. C'est pour le plaisir de cheminer avec le chamanisme européen de nos ancêtres !

Je crée ma roue de médecine

Vous pouvez créer votre roue de médecine à partir d'éléments naturels ou en la dessinant sur une feuille de Canson. Si vous avez un jardin, vous pouvez construire une roue suffisamment grande pour que vous puissiez entrer et marcher dedans, à partir de pierres et de tout autre élément de la nature qui vous inspire. Chez vous, vous pouvez placer le dessin de votre roue sur votre autel saisonnier ou créer à partir de pierres, coquillages ou cristaux une petite roue qui constituera un autel devant lequel vous recueillir. Votre roue pourra alors être agrémentée du produit de vos glanages dans la nature.

En pratique

La création de votre roue de médecine est un moment rituel, elle fait partie de votre cheminement personnel : purifiez l'espace ainsi que les pierres et éléments choisis. Si vous dessinez la roue sur du papier, tracez les traits en conscience, comme une méditation en mouvement.

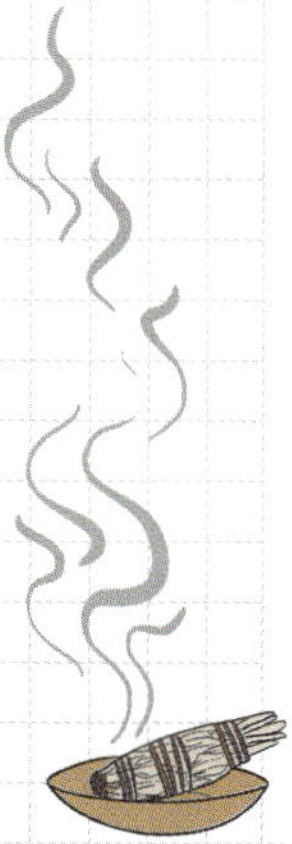

1. Dessinez une roue au crayon sur une grande feuille Canson, ou bien matérialisez-la avec des pierres.
2. Divisez-la en huit, pour les 8 directions. Placez les points cardinaux au bout des rayons en commençant par le nord et ajoutez les noms des fêtes celtes correspondantes : nord-ouest/Yule, nord/Imbolc, nord-est/Ostara, est/Beltane, sud-est/Litha, sud/Lugnasad, sud-ouest/Mabon, ouest/Samhain.

3. Dans les quartiers entre Yule et Ostara, inscrivez la saison : l'hiver. Dans les quartiers entre Ostara et Litha, le printemps ; entre Litha et Mabon, l'été, et entre Mabon et Yule, l'automne.

Soyez créative avec votre roue et agrémentez-la de dessins, collages… empreints de l'énergie de chaque saison. Vous allez pouvoir l'agrémenter à mesure que nous progresserons dans notre exploration des saisons.

Prenez le temps de vous imprégner de ces directions : ce qu'elles évoquent, la division spatio-temporelle peuvent être nouveaux pour vous. C'est une autre manière d'appréhender l'année, donc prenez le temps d'entrer dans votre roue. Maintenant que vous avez créé tous vos outils de cheminement, vous allez entamer un voyage au cœur des saisons, non seulement pour vous relier à elles, mais aussi pour qu'elles vous relient à vous-même. Vous compléterez votre roue à mesure de votre cheminement saisonnier.

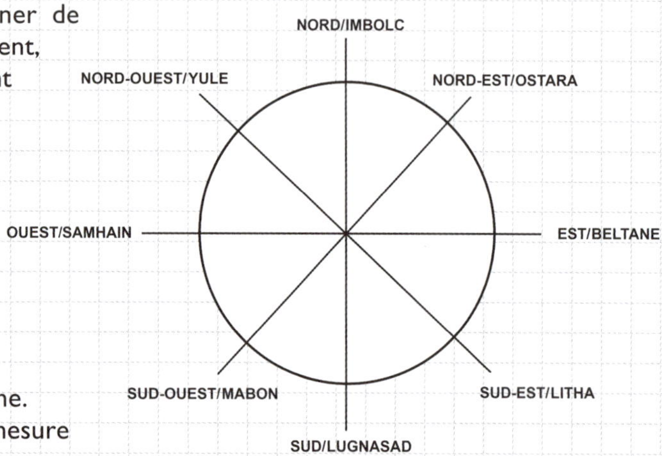

Comment utiliser ma roue de médecine ?

Votre roue de médecine à présent créée, comment l'utiliser ? C'est un support de cheminement personnel en connexion avec les saisons. Le plus simple est de commencer votre parcours de la roue en vous plaçant sur la saison actuelle. Vous offrirez ainsi à votre femme sauvage sa dose nécessaire de connexion à la nature et le soutien d'alliés de pouvoir (esprits gardiens, animal et végétal totems) pour traverser la saison. La roue va être le support de votre empowerment féminin : libre, connectée et intuitive !

L'autre utilisation de la roue de médecine : pour le développement personnel !

La roue est un support de développement personnel qui utilise les correspondances avec les 4 directions : l'est indique le début, le commencement d'un projet, une énergie d'action. Le sud indique la plénitude et l'accomplissement, une énergie de déploiement. L'ouest indique un temps de transformation et de bilan, une énergie de maturité. Le temps du nord invite au repos et à l'intégration des expériences vécues, une énergie de bilan. Ainsi, la roue peut vous accompagner dans votre développement personnel et une progression est possible.

Comment faire concrètement ?

1. Vous allez méditer et réfléchir avec votre roue et un esprit gardien. Quelques questions seront là pour vous guider et nourrir votre réflexion personnelle.
2. Une méditation avec un arbre totem viendra ensuite stimuler votre intuition et votre part réceptive pour vous faire assimiler profondément l'enseignement de la roue.
3. Enfin, un rituel inspiré par l'élément associé à la saison et un rituel de développement personnel vous permettront d'ancrer ces enseignements en vous.

Quand pratiquer ?

Idéalement, ces pratiques sont à faire lors des changements de saison pour que vous puissiez bénéficier des enseignements et des rituels tout au long de la saison. Essayez de pratiquer chaque méditation et rituel au moins une fois, puis chaque fois que vous en ressentirez le besoin et l'envie. Votre rythme de pratique vous appartient ; connectez-vous à votre femme sauvage : qu'a-t-elle envie de faire ? une méditation ? un enchaînement de yoga ? Suivez votre rythme, mais n'oubliez pas de pratiquer pour ancrer de nouvelles habitudes dans votre quotidien.

L'hiver : le temps de la jachère

Nous commençons notre voyage au nord de notre roue. L'hiver est une saison souvent mal-aimée dans l'hémisphère nord car la faible luminosité et le froid y mettent à mal notre énergie vitale. Cela tombe bien, c'est le temps de la jachère !

L'énergie de l'hiver

Nous entrons dans l'hiver avec le solstice d'hiver ou Yule. Selon une ancienne croyance, la roue solaire marquait une pause à Yule avant de reprendre sa course ascendante. Avec Yule, nous plongeons dans le ventre de la Terre. Dans ce temps de jachère propice à la contemplation, nous allons nourrir nos rêves comme la Terre couve les graines en germination. Dans ce vide fécond, nous nourrissons notre vision (la direction et le but que nous voulons donner à notre vie) pour qu'elle nous révèle les outils et les ressources à notre disposition pour avancer le moment venu. Profitez de ce temps du rêve pour être à l'écoute de votre intuition et de vos guides (animal totem, anges gardiens, etc.), qui vous envoient des messages afin de vous aider à avancer sur votre chemin. C'est aussi un temps de reliance à la nature, où nous nourrissons profondément notre spiritualité ancrée à la Terre.
Nous sortirons doucement de notre torpeur avec les premiers signes du printemps, au cœur de l'hiver, à Imbolc, le 2 février. Lors de cette fête de la purification, nos ancêtres parcouraient les champs en priant la déesse mère de nettoyer la terre avant les semailles. Traditionnellement, l'on célébrait Brigid, déesse celte de la fertilité. Une invitation pour chacune à rassembler son énergie vitale et à définir ses objectifs pour les faire éclore au printemps.

Comment accueillir l'énergie de l'hiver ?

La nature, telle la Belle au bois dormant, semble dormir pour l'éternité en hiver. Et pourtant, sous la terre gelée, elle respire, son cœur palpite en attendant le retour du printemps. Elle se repose et se prépare à éclore à nouveau. Comme elle, accueillons ce temps de repos ; prenons exemple sur l'ours hibernant dans sa caverne. Notre énergie physique est généralement basse, le corps devant affronter le froid et la lumière qui décline.

Les 4 gestes feel good de l'hiver

- C'est le moment de vous cocooner ! Bonjour bouillotte, tisanes fumantes, plaid et grosses chaussettes, le séduisant modèle danois et son fameux hygge way of life.
- Nourrissez-vous de bons plats chauds, doux et réconfortants, avec des épices pour soutenir votre système immunitaire.
- Dormez votre compte de sommeil.
- Pratiquez une activité douce pour ne pas brusquer votre musculature engourdie. Le dos et les reins sont votre point de vigilance corporelle en hiver, donc couvrez-vous bien ! Si vous avez froid, vous vous tendez et donc vous vous faites mal. Pensez à vous étirer à la fin de la journée.

L'enseignement de la roue de médecine

L'hiver correspond au nord de la roue de médecine. C'est le temps de la sagesse et de la maturation. Au nord de la roue de médecine, nous sommes invitées à revisiter notre année, à dresser le bilan pour faire le point des expériences vécues, de ce que nous voulons faire de notre vie, ce que nous voulons offrir au monde.

La médecine de l'esprit gardien du nord : la sagesse du don

L'esprit gardien du nord est Waboose et son principal enseignement est le don. Il est de notre devoir de partager avec nos proches ce que nous avons appris. À la fin de notre vie, l'ultime don sera d'offrir notre corps à la Terre Mère, à l'image du bison blanc qui offrait tout aux hommes : viande, peau, os et esprit. Le pouvoir de Waboose est l'acceptation du cycle de la vie et de tout ce qui nous a été donné. Waboose correspond d'ailleurs à la direction de la guérison du corps, la nécessité de prendre soin de son corps sur Terre.

Les questions à me poser pour recevoir la sagesse de la nature

Le temps du nord correspond à l'archétype de la femme sage qui, arrivée à la fin de sa vie, partage son savoir et sa sagesse. Comme elle, interrogez-vous.

- Est-ce que je déploie et offre ma beauté au monde ?

→ À l'image d'une fleur, chaque personne est singulière dans sa beauté ; en avez-vous conscience ? Est-ce que vous faites don de votre beauté au monde ?

....

....

- Qu'est-ce que je souhaite transmettre ?

→ Quelles sont vos valeurs fondamentales ? Quels savoirs voulez-vous transmettre ?

....

....

- Quelles graines est-ce que je sème pour le monde de demain ?

→ Œuvrez-vous pour le monde de demain en adoptant des écogestes au quotidien, par exemple ?

....

....

Voilà quelques questions que vous pouvez vous poser pour nourrir vos projets dans la justesse. Nos projets ne sont pas seulement des objectifs à remplir. Ils doivent être habités d'une vision plus vaste ; ils doivent être riches de nous-mêmes. Mettons-y notre cœur et notre âme.

Mon arbre totem : le sapin

Installez-vous confortablement, assise ou allongée, dans une ambiance propice à la méditation. Vous allez visualiser et vous connecter spirituellement au sapin afin qu'il puisse vous délivrer son message. L'arbre totem s'adresse à votre part intuitive et réceptive. Son message s'enracine dans votre corps afin que l'enseignement de la roue s'intègre concrètement dans toutes vos cellules.

« Roi de la forêt, je règne en maître au sommet des montagnes. Vêtu de vert toute l'année, je suis la promesse que tout renaît dans les entrailles de la Terre. Je t'enseigne l'espoir en te montrant la lueur dans la nuit noire. Prends courage, ce temps d'introspection de l'hiver prendra fin et tu pourras t'adonner à l'action joyeuse du printemps. En attendant, prends racine, fais silence, plonge en toi comme tu pénétrerais au cœur de mes plus profondes forêts. Ose t'aventurer dans le noir pour te trouver. Mes forêts sont aussi impressionnantes que l'est ta tâche d'introspection. Je t'invite à être humble et à déposer tout volontarisme. C'est dans le silence et le recueillement que tu trouveras ta voie. C'est de cet enracinement profond que je m'élève vers les plus hautes cimes. Viens, élève-toi avec moi et embrasse une vision panoramique de ta vie : où en es-tu ? Que veux-tu ? Pour renaître, il faut accepter de mourir. Appuie-toi sur ta sagesse personnelle pour regarder avec lucidité où tu en es.

Ensemble, traversons la longue nuit de l'hiver.

Fais confiance à la noblesse de ton cœur, lui seul peut te guider sur ton chemin d'authenticité. »

Mon rituel de danse avec les éléments : je me connecte à la terre avec le grounding

L'élément de l'hiver est la terre, une énergie stable d'ancrage. Pour vous y connecter, rien de tel qu'une marche méditative, pieds nus sur la Terre sacrée ! Marcher pieds nus est un des plaisirs savoureux de l'été, mais pourquoi se limiter à cette saison ? Le froid a la particularité de nous faire sentir vivantes. Sous l'apparence d'une nature figée, tout est en mouvement silencieux : goûtez le son du sol crépitant sous les plantes de pied que vous déroulez lentement, prêtez attention aux bruits discrets de la nature, laissez-vous réchauffer par un soleil éclatant. La marche méditative est un bain sensoriel qui boostera votre énergie vitale.

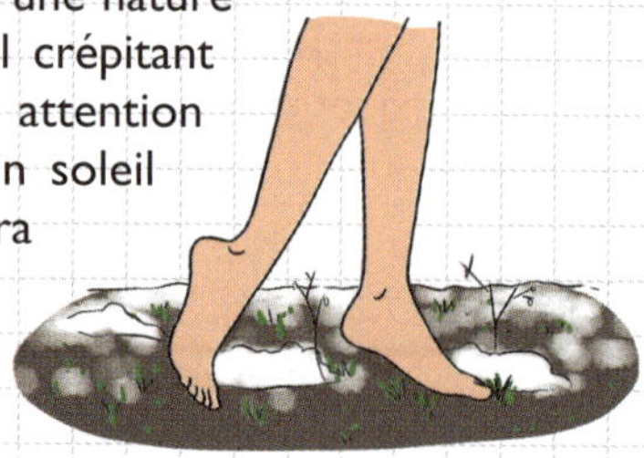

→ Marchez pieds nus dans la nature au moins une fois par semaine si vous en avez la possibilité, ou bien une fois par mois tout le long de la saison.

Mon rituel médecine de saison : j'entre en tiyoweh

Dans la langue des Seneca, une tribu iroquoise, « tiyoweh » se traduit par « entrer en silence » ou « immobilité, tranquillité ». Entrer en tiyoweh signifie donc quitter l'agitation du monde, laisser la place au silence pour écouter les messages de notre nature profonde, de notre cœur, du monde des esprits. C'est une pratique d'écologie intérieure pour se relier au grand mystère. Cette pratique, sacrée pour les femmes amérindiennes, nous est parvenue grâce à Jamie Sams et à sa transmission des 13 mères originelles. Ainsi la mère de clan de la cinquième lune, la Femme qui Écoute, est la gardienne du tiyoweh. Elle nous enseigne qu'il n'y a pas de développement sans temps d'incubation, sans écouter ce qui se dit dans l'invisible. Jamie Sams nous enseigne que « la Femme qui Écoute entend chaque pensée, perçoit chaque sentiment et reçoit chaque émotion avec tiyoweh ».

En pratique

À votre tour, profitez de l'hiver pour faire l'expérience du tiyoweh en introduisant dans votre quotidien des temps de silence, sans stimulations extérieures (pas d'écrans notamment).

Par exemple, initiez-vous à la méditation en la pratiquant 5 à 20 minutes par jour durant cette saison. Savourez le silence et laissez venir à vous les messages de vos guides.

Je complète ma roue

Voici quelques éléments-clés que vous allez ajouter à votre roue de médecine. Vous pouvez aussi l'agrémenter d'illustrations (dessins, images découpées, etc.) et de mots-clés issus de votre cheminement personnel. Si votre roue est réalisée avec des éléments naturels, comme un autel, ajoutez-y des minéraux, du bois sec, de la terre dans un petit récipient, des branches de sapin, de houx, de lierre – des végétaux qui sont attachés à l'hiver car ils restent toujours verts.

- Date d'entrée dans la saison : 22 décembre
- Célébrations de la roue de l'année : Yule, le solstice d'hiver, le 22 décembre et Imbolc le 2 février
- Direction : nord
- Esprit gardien : Waboose
- Élément : terre
- Animal : bison blanc (tradition amérindienne)
- Archétype féminin : femme sage ou sorcière
- Âge de la vie : vieillesse

Mes mantras de l'hiver

« Je prends du temps pour moi, je médite et me relie à mon âme. Je nourris mes projets intérieurement, mais je ne passe pas à l'action ! »

Le printemps : le temps de la renaissance et de la poussée de sève

L'énergie du printemps

L'équinoxe ou Ostara nous ouvre les portes du printemps. Quel ravissement d'entendre le chant des oiseaux annonçant le retour progressif du beau temps et de températures plus clémentes ! Déesse de l'aube et de l'aurore, Ostara nous connecte à l'astre solaire, qui se lève à l'est. À partir de l'équinoxe de printemps, le soleil va croître jusqu'à son apogée au solstice d'été. Au printemps, nous célébrons la fertilité, la joie d'être à l'extérieur. C'est avec Beltane, en mai, que nous célébrons la vie. Sur la roue de l'année celtique, Beltane correspond au milieu du printemps, un temps où la nature s'épanouit. On vénérait traditionnellement le lièvre pour sa fécondité et le cerf pour sa force de vie avec ses bois, symbole de croissance.

Comment accueillir l'énergie du printemps ?

C'est le moment d'entreprendre ! L'énergie du printemps est un vrai booster de nos projets : nous bénéficions de sa fraîcheur, d'idées nouvelles, tout nous semble possible, réalisable, accessible. Portés par les vents du printemps, nos projets volent vers leur réalisation et leur succès !

Ce que je souhaite entreprendre à cette saison

....

....

Mon geste feel good du printemps
C'est le moment de vous alléger physiquement, pour accompagner votre foie et votre vésicule biliaire, avec une petite détox : voici la période de la fameuse cure de jus de bouleau, dépuratif. Prenez-en 2 cuillerées à soupe le matin à jeun, pendant 3 semaines.

L'enseignement de la roue de médecine

Le printemps sur la roue de médecine correspond à l'est. L'est symbolise le commencement, l'aube de notre vie, à l'image de l'astre solaire qui s'y lève chaque jour. Dans la tradition amérindienne, l'est représente le rite de passage des jeunes gens à l'âge adulte. C'est un temps de fraîcheur et d'enthousiasme. Chaque fois que nous commençons un nouveau projet, nous nous situons à l'est sur la roue de médecine.

La médecine de l'esprit gardien de l'est : la sagesse d'entreprendre

L'esprit gardien de l'est est Wabun, dont le principal pouvoir est d'aller de l'avant. Wabun nous enseigne que chaque moment est un nouveau commencement. En cela, le temps de Wabun est un temps de guérison de l'esprit : pour impulser la nouveauté, il faut nous être débarrassées de nos vieux carcans. Il nous apprend aussi à contrôler notre énergie débordante. L'élément de l'air, s'il nous porte, nous conduit aussi au risque de dispersion. À vouloir trop en faire, nous nous perdons et nous épuisons. C'est là que le travail de maturation, d'introspection et de bilan de l'hiver porte ses fruits.

La médecine de l'aigle : cibler ses objectifs

La médecine de l'aigle peut vous soutenir dans ce travail de ciblage. Ce roi du ciel a la capacité de s'élever, de prendre de la hauteur et d'avoir une vision à la fois perçante et panoramique. L'aigle peut vous aider à faire des choix, cibler et trancher. Si vous avez un choix à faire, imprégnez-vous de son image, puis demandez-vous quelle décision nourrira votre vision globale. Dans un principe d'écologie intérieure, essayez de faire en sorte que vos projets se nourrissent entre eux, pour ne pas avoir de déperditions d'énergie et pour ne pas vous disperser.

Les questions à me poser pour recevoir la sagesse de la nature

- Quelle est ma vision globale ?

....

....

- Quels sont les projets que je souhaite mener à bien ?

....

....

- Comment vais-je passer à l'action pour concrétiser mes projets ?

....

....

Mon arbre totem : le bouleau

Installez-vous confortablement, assise ou allongée, dans une ambiance propice à la méditation. Vous allez visualiser et vous connecter spirituellement au bouleau afin qu'il puisse vous délivrer son message. L'arbre totem s'adresse à votre part intuitive et réceptive. Son message s'enracine dans votre corps afin que l'enseignement de la roue s'intègre concrètement dans toutes vos cellules.

« Arbre sacré des druides, je symbolise le renouveau. Symbole de fertilité, j'accompagne et protège les naissances. À mon image, vis le printemps comme une nouvelle naissance. Je t'invite à voir toute chose comme si c'était la première fois. Renoue avec ta fraîcheur et ta spontanéité. Avec moi tu vas goûter la croissance, cette poussée de sève puissante à l'intérieur de toi.

Mon écorce blanche évoque la pureté et ma sève est connue pour ses vertus purificatrices. Accepte la cyclicité de la vie : je t'enseigne que tu ne peux accueillir le renouveau sans t'être au préalable purifiée de l'ancien. Si tu acceptes cette purification nécessaire, je te montrerai l'essence même de la vie et toute l'abondance qu'elle recèle.

On me célébrait du solstice d'hiver jusqu'à l'équinoxe de printemps car je te montre que l'ombre est la racine de la lumière. Mon écorce blanche réfléchit l'astre solaire et m'enrobe de sa douce lumière. Et toi, oses-tu briller de ta juste lumière ? Embrasses-tu ta puissance ?

Depuis la canopée de mes cimes, je t'enseigne comment ne pas avoir peur de ta grandeur.

Ensemble, marchons d'un pas assuré et décidé.

Aie confiance en toi et en tes capacités à aller de l'avant. »

Mon rituel de danse avec les éléments : je me connecte à l'air avec le yoga

Cette saison est associée dans la roue de médecine à l'élément air, qui stimule, mais bouscule aussi. Grâce à l'enchaînement du guerrier spirituel, vous allez pouvoir vous ancrer tout en restant ouverte aux idées nouvelles. C'est un enchaînement de yoga très agréable à pratiquer en extérieur pour se relier à l'énergie de la terre et de l'air.

En pratique

1. Debout, les pieds écartés de la largeur du bassin, faites un grand pas en arrière avec la jambe droite, le pied droit légèrement tourné vers l'avant.
2. À l'inspiration, levez les bras par les côtés à hauteur d'épaule.
3. À l'expiration, faites pivoter les bras et le buste à droite, et fléchissez la jambe gauche dans une fente. La tête continue de regarder vers l'avant ; la paume gauche est tournée vers le sol, en direction de votre objectif, alors que la paume droite est tournée vers le ciel, en réception des messages de vos guides. Maintenez la posture pendant 4 à 5 grandes respirations, le regard perçant : vous regardez au-delà de l'horizon, tout en sentant votre ancrage profond dans votre bassin. Les pieds dans la terre, la tête dans les étoiles.

1 2 3

4. À l'inspiration, levez le bras gauche vers le ciel tout en descendant le bras droit au contact de la jambe gauche. Goûtez l'ouverture de votre flanc gauche dans un mouvement d'élévation. Allez chercher l'énergie solaire du ciel pour vous nourrir intérieurement. Maintenez pendant 3 respirations.

5. À l'expiration, descendez le bras gauche en direction de la cuisse gauche et posez-le, avant-bras sur la cuisse, paume vers le ciel, en même temps que vous levez le bras droit vers le ciel. Vous captez ainsi la lumière et l'inspiration céleste pour les redescendre vers la terre, permettant l'ancrage et la réalisation terrestre de vos aspirations, tout en étant ouverte à la nouveauté grâce à l'ouverture de votre flanc droit et à votre regard tourné vers le ciel. Maintenez pendant 3 respirations.

6. À l'inspiration, redressez-vous dans la position de départ. À l'expiration, faites pivoter le buste vers l'avant. Le pied arrière rejoint le pied avant.

7. Joignez les deux mains devant la poitrine en namasté mudra. Remerciez avant de répéter l'enchaînement de l'autre côté.

→ Pratiquez cet enchaînement aussi souvent que possible à cette saison et surtout les jours où vous vous sentez éparpillée, ou bien quand vous avez des défis à relever : une masse de travail, des rendez-vous-clés, etc.

Mon rituel médecine de saison : je m'en remets à la médecine du vent

Pour ce rituel, vous avez besoin de petits carrés de tissu ou de rubans sur lesquels vous écrirez vos souhaits, les projets que vous souhaitez voir se réaliser en ce nouveau printemps. Vous n'êtes pas limitée en nombre, donc écrivez autant de vœux que vous le souhaitez ! Puis vous les remettrez à la médecine du vent, qui les dispersera et les portera loin pour qu'ils se réalisent.

En pratique

1. Écrivez vos vœux sur les rubans ou les carrés de tissu.
2. Si vous avez un jardin, accrochez-les à un arbre pour renouer avec la tradition de l'arbre à vœux. Si vous n'avez pas de jardin, vous pouvez créer une guirlande, à l'image des drapeaux de prières tibétains, que vous accrocherez à votre fenêtre par exemple. Vous pouvez aussi accrocher vos rubans ou carrés de tissu à un arbre en forêt, mais dans ce cas, veillez à ce que le tissu utilisé ne soit pas polluant ni dangereux pour les animaux.

→ Réalisez ce rituel au début de la saison, pour profiter de son énergie ascendante.

Je complète ma roue

Voici quelques éléments-clés que vous allez ajouter à votre roue de médecine. Vous pouvez aussi l'agrémenter d'illustrations (dessins, images découpées, etc.) et de mots-clés issus de votre cheminement personnel. Si votre roue est réalisée avec des éléments naturels, comme un autel, ajoutez-y des minéraux, des plumes d'oiseau symbolisant l'air, des fleurs printanières (tulipe, jonquille, etc.), des branches de bouleau – votre totem végétal du printemps.

- Date d'entrée dans la saison : 21 mars
- Célébrations de la roue de l'année : Ostara, l'équinoxe de printemps, le 21 mars et Beltane aux alentours du 1er mai
- Direction : est
- Esprit gardien : Wabun
- Élément : air
- Animal : aigle
- Archétype féminin : jeune fille ou vierge
- Âge de la vie : jeunesse

Mes mantras du printemps

« Je profite de la poussée de sève printanière pour entreprendre et aller de l'avant. J'avance avec détermination en ciblant mes objectifs pour ne pas me disperser. J'ai confiance en moi et j'incarne ma vision. »

L'été : le temps du rayonnement et de la plénitude

L'énergie de l'été

Le solstice d'été ou Litha dans la tradition celte marque l'entrée dans la saison chaude. Au solstice, le soleil est à son apogée, puisque c'est le jour le plus long et par conséquent la nuit la plus courte. Les nuits vont ensuite rallonger jusqu'à l'équilibre parfait, à l'équinoxe d'automne. Le soleil est au cœur de toutes nos activités. Il est d'ailleurs célébré à Lugnasad, le 1er août, où l'on fête l'union du dieu solaire Lugh et de la Terre Mère.

Comment accueillir l'énergie de l'été ?

L'été est la saison de l'enthousiasme et de l'action. À cette période des moissons, nous récoltons les graines semées au printemps. La nature va vite : de graines, les feuilles deviennent fleurs puis fruits et déjà, nous récoltons ! Nous bénéficions de la chaleur de l'été, qui réchauffe notre corps. C'est la saison où tous nos sens sont en éveil, nous goûtons la sensualité de notre corps, nous savourons la fluidité, le plaisir d'un corps fonctionnel où l'énergie circule librement. Soyez cependant vigilante à ne pas tomber dans les excès de l'été : trop d'action conduit à l'agitation. Et si notre corps se délie sous l'effet de la chaleur, il peut aussi se fatiguer de cette ébullition. Une attention toute particulière doit être portée à notre cœur, qui souffre généralement de la chaleur. Tout est une question d'équilibre entre action et farniente.

L'enseignement de la roue de médecine

Cette saison correspond à la direction du sud. Le sud de la roue de médecine symbolise la croissance rapide. C'est le temps de l'accomplissement et de la plénitude. Le sud célèbre la vie et le plaisir d'être en vie, la joie des petits plaisirs simples : vivre entourée de ses proches, avoir un corps doué de sens, séjourner dans la nature. C'est un temps de contemplation, d'émerveillement et de connexion profonde avec la Terre Mère.

La médecine de l'esprit gardien du sud : la sagesse de savourer

L'esprit gardien du sud est Shawnodese, qui offre les dons de l'énergie, de l'adaptabilité, de la maturité, de l'espièglerie et du sens de l'humour. Il déploie la médecine du rire en nous invitant à rire de nous et de notre ego. Il nous murmure que l'on peut faire des choses sérieuses sans se prendre au sérieux !

Il travaille de concert avec le coyote, souvent nommé « vieux filou » tant il est ambivalent. Roi de l'illusion, il a tendance à tomber dans ses propres pièges. En cela il est passé maître dans l'art de l'autosabotage. C'est là un des grands enseignements du sud : à vouloir trop en faire, l'on se brûle les ailes ! Mais le pouvoir de Shawnodese est pluriel et paradoxal, car s'il s'amuse de nous voir nous débattre avec nous-mêmes, il nous offre aussi le plus beau cadeau qui soit : l'amour. Shawnodese est en effet le lieu du cœur, l'endroit où l'on guérit le cœur et les émotions. Le temps de Shawnodese est propice à l'exploration de l'amour, des relations, de la sensualité et de la sexualité. Cela fait bien sûr écho à l'archétype de la mère, qui se nourrit des plaisirs de la vie que lui prodigue son foyer.

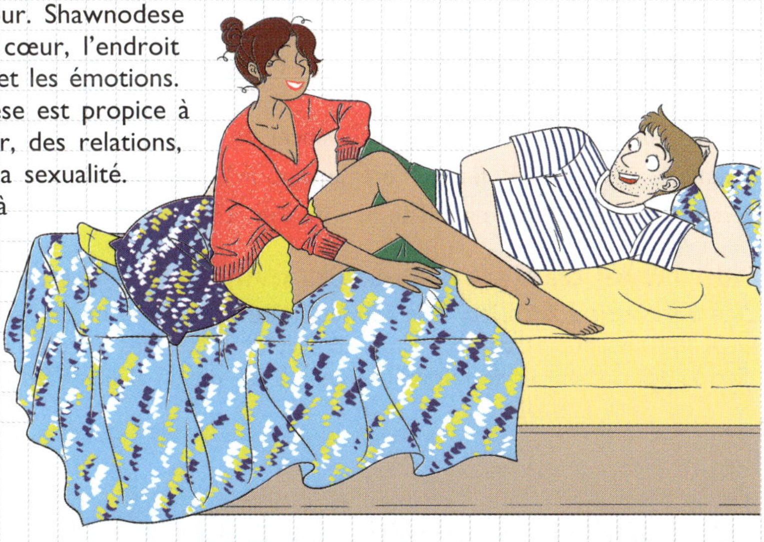

Les questions à me poser pour recevoir la sagesse de la nature

- Quelle place occupe le plaisir dans ma vie ? Depuis quand n'ai-je pas fait quelque chose par pur plaisir ?

....

....

- Est-ce que je sais m'octroyer du plaisir ou suis-je toujours en train d'offrir du plaisir à autrui ?

....

....

→ Instaurez un rituel hebdomadaire pour prendre soin de vous (par exemple 1 heure dans la semaine pour prendre un café seule avec un livre ou un carnet d'écriture).

Mon arbre totem : l'ajonc

Installez-vous confortablement, assise ou allongée, dans une ambiance propice à la méditation. Vous allez visualiser et vous connecter spirituellement à l'ajonc afin qu'il puisse vous délivrer son message. L'arbre totem s'adresse à votre part intuitive et réceptive. Son message s'enracine dans votre corps afin que l'enseignement de la roue s'intègre concrètement dans toutes vos cellules.

« Arbre de Lugh (dieu celte), je suis le symbole solaire des souverains. Mes fleurs jaunes et mes épines rappellent l'astre solaire. Les abeilles se régalent de mes fleurs, avec lesquelles elles fabriquent la liqueur d'immortalité, l'hydromel. Je te parle de rayonnement, de puissance et de pouvoir. Rayonnes-tu de ta juste lumière ? Ton rayonnement est-il insuffisant, tapi dans l'ombre de tes peurs, ou bien dans l'excès du pouvoir sur autrui ? Je t'invite à trouver l'équilibre et à briller de ta propre lumière, authentique, alignée avec ton cœur. Je t'invite à synthétiser tes connaissances et tes expériences diverses pour trouver ta propre cohérence et transmettre ton savoir.

Ose la réunification intérieure pour avancer en confiance.

Ensemble, traversons le feu de l'été sans nous brûler.

Laisse ta lumière briller depuis le lieu de ton cœur, ainsi elle se diffusera dans la joie. »

Mon rituel de danse avec les éléments : je me connecte à l'eau

L'été est associé à la chaleur et à son feu brûlant. La médecine de l'eau nous aide à calmer ses excès en apaisant nos émotions ; au contact de l'eau, elles s'écoulent simplement, grâce à un effet de délassement et de rafraîchissement. L'eau est un élément féminin qui accueille et porte.

En pratique

La pratique de l'été consiste à célébrer les petits bonheurs simples et à apaiser le feu brûlant de cette saison. Vous êtes invitée à vous immerger dans l'eau (rivière, mer, lac). Savourez le bonheur de vous déposer et vous abandonner corps et âme. L'eau a le puissant pouvoir de nous connecter à notre ventre et à nos eaux matricielles. Célébrez votre sensualité féminine et laissez-vous porter.

→ Dans votre quotidien, chaque douche, bain ou baignade dans la nature est une occasion de vous relier à la médecine de l'eau en vivant cet instant en conscience. Par exemple, à la fin de la journée, sentez que l'eau qui coule sur vous vous débarrasse du trop-plein d'émotions, de fatigue, etc.

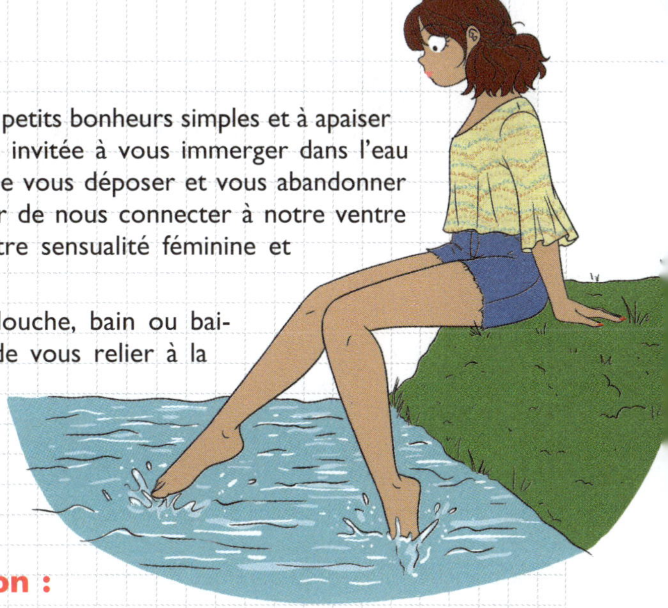

Mon rituel médecine de saison : je célèbre la lumière

Célébrez la lumière avec la salutation au soleil. Si son origine est mystérieuse, saluer la lumière renaissante est certainement l'un des plus anciens rituels quotidiens au monde. Saluer le divin soleil, c'est aussi saluer le divin en soi et honorer sa lumière intérieure.
La version présentée ici est un peu différente de la salutation au soleil classique du hatha yoga. Elle provient d'Éva Ruchpaul, une des premières femmes yogis d'Europe (aujourd'hui âgée de 92 ans), qui l'a transmise à Renata Farah puis à Pascale Brun, toutes deux enseignantes à l'École française de yoga. Tout au long de la salutation, le souffle est laissé libre, sans rythme imposé, sinon celui, lent et fluide, accordé au mouvement. C'est une salutation particulièrement agréable à pratiquer pour les femmes, notamment lors du passage dans le cobra, puisque la reptation se fait tout en rondeur, sans faire glisser la poitrine au sol. Le passage de la fente est aussi plus doux pour l'articulation de la hanche. Une salutation tout en douceur que vous pouvez pratiquer en écoutant ou en récitant le gayatri mantra (l'invocation à la lumière).

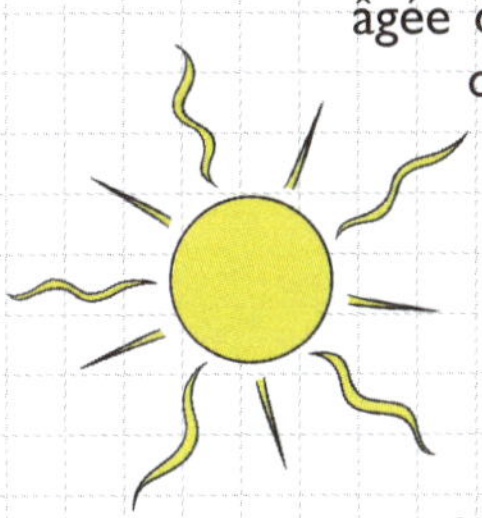

1. La montagne

Debout, les pieds rapprochés, les bras le long du corps, prenez le temps de vous enraciner et de laisser votre souffle se poser en vous. Levez lentement les bras pour joindre les mains devant la poitrine en namasté mudra.

2. La roue du soleil

Étirez les bras en flèche vers le ciel, au-dessus de la tête, puis séparez-les, paumes vers l'avant. Avancez le bassin en laissant la colonne s'arquer, comme si vous vous adossiez à une roue.

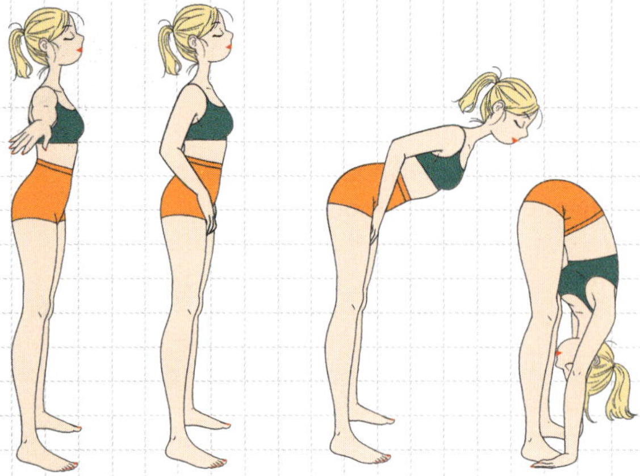

3. Uttanasana

Revenez dans l'axe, redescendez les bras par les côtés et venez placer les mains dans le pli de l'aine pour faire reculer le bassin ; le buste s'incline vers l'avant jusqu'à ce que les mains touchent les pieds. Les jambes peuvent être fléchies pour que le ventre soit au contact des cuisses.

4. Le guetteur

Placez les paumes au contact du sol, lancez la jambe droite à l'arrière, puis la gauche. Vous êtes dans la posture de la planche, alignée du sommet du crâne à la pointe des talons.

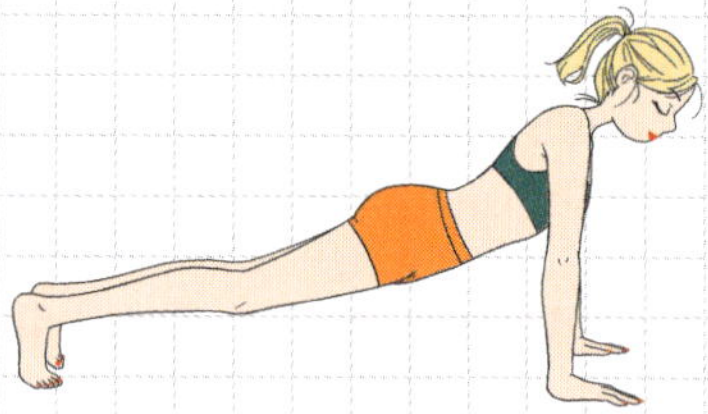

5. La reptation avant

Placez les genoux au sol, reculez le bassin, écartez légèrement les coudes et posez le menton au sol. En poussant sur vos mains au sol et sur les genoux, initiez un mouvement de reptation vers l'avant en roulant sur votre nez, votre front, le sommet de votre crâne. Avancez en confiance grâce à l'appui puissant de vos mains.

6. Le cobra

Posez le ventre au sol. Mains au niveau de la poitrine, coudes aux flancs, redressez-vous dans la posture du cobra.

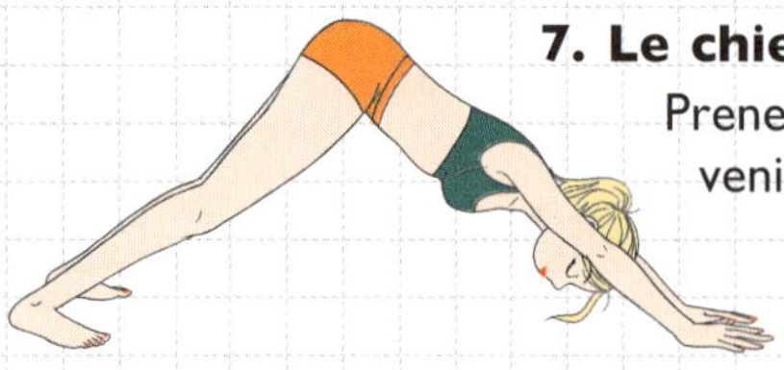

7. Le chien tête en bas

Prenez appui sur vos mains pour vous repousser du sol et venir à 4 pattes, puis passez dans le chien tête en bas en montant le bassin. Si nécessaire, fléchissez légèrement les jambes pour que votre dos soit bien étiré.

8. La fente

Posez le genou gauche au sol et faites revenir la jambe droite par le côté jusqu'à ce que le pied droit soit entre vos mains. Redressez le buste dans une fente, les bras le long du corps, paumes dirigées vers l'avant.

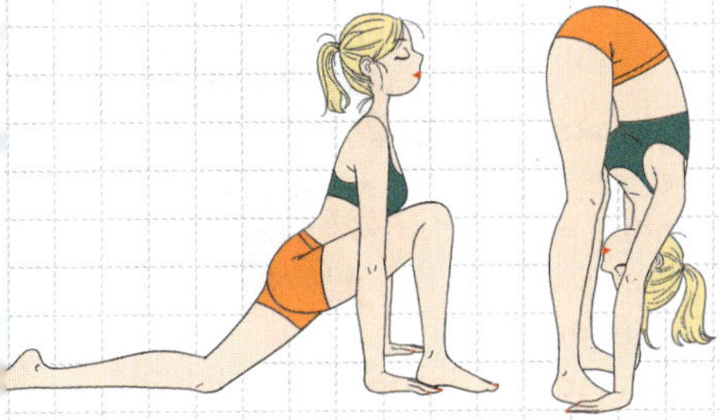

9. Uttanasana

Les mains prennent appui de chaque côté du pied droit pour ramener la jambe gauche à côté de la droite. Les jambes sont fléchies, la tête est relâchée et les mains sont au sol. Grâce à l'ancrage de vos pieds dans le sol, redressez-vous en laissant votre dos se dérouler tout en rondeur.

10. La roue du soleil

Levez les bras par les côtés au-dessus de la tête, avant de les ouvrir pour que vous vous adossiez à la roue imaginaire du début de l'enchaînement. Recommencez l'enchaînement avec la jambe gauche placée en premier pour que le cycle soit complet. Une fois que ce dernier est terminé, revenez dans l'axe et laissez les mains descendre devant la poitrine en namasté mudra. Puis recommencez le cycle complet au moins 3 fois.

→ Vous pouvez pratiquer la salutation tous les matins, à jeun, au lever du soleil.

Je complète ma roue

Voici quelques éléments-clés que vous allez ajouter à votre roue de médecine. Vous pouvez aussi l'agrémenter d'illustrations (dessins, images découpées, etc.) et de mots-clés issus de votre cheminement personnel. Si votre roue est réalisée avec des éléments naturels, comme un autel, ajoutez-y des minéraux, des coquillages qui symbolisent l'eau, des fleurs d'ajonc comme votre totem végétal de l'été, des roses ou du lierre pour symboliser l'amour et les liens qui se tissent.

- Date d'entrée dans la saison : 21 ou 22 juin
- Célébrations de la roue de l'année : Litha, le solstice d'été, le 21 juin et Lugnasad le 1er août
- Direction : sud
- Esprit gardien : Shawnodese
- Élément : eau
- Animal : coyote
- Archétype féminin : mère
- Âge de la vie : âge adulte

Mes mantras de l'été

« Je profite de l'été pour concrétiser mes projets et en récolter les fruits. Je m'inspire de l'astre solaire pour trouver ma juste lumière et briller. Je savoure la simplicité de la vie et je nourris l'amour. »

L'automne : le temps de la transformation et de l'introspection

L'énergie de l'automne

Nous ouvrons les sombres portes de l'automne avec l'équinoxe d'automne ou Mabon, le 22 ou 23 septembre. Encore empreinte de la chaleur de l'été, l'entrée dans l'automne se fait enrobante, bercée par les premières feuilles chatoyantes qui ornent les arbres. Cette saison nous ravit de son camaïeu de rouge orangé. À l'équinoxe d'automne, nous goûtons l'équilibre entre le jour et la nuit, et ressentons une stabilité intérieure au cœur du foisonnant mois de septembre. C'est en effet un nouveau temps de moisson : les anciens rentraient leurs récoltes et commençaient à préparer les réserves pour l'hiver. C'est avec Samhain, le 31 octobre, que nous entrons dans l'obscurité : les jours déclinent et voici venu le temps de l'introspection. Samhain marque traditionnellement le début de l'année celtique ; c'est aussi un temps de célébration des morts. À Samhain, l'on célèbre le cycle de la vie, la mort et la renaissance ; c'est une période durant laquelle le voile mince entre les mondes se fait poreux. Un temps pour communiquer et pour honorer notre clan, notre lignée. Avec Samhain, nous entrons dans une période de descente vers nos profondeurs : les feuilles tombent des arbres et tapissent le sol, les animaux rentrent dans leur terrier.

Comment accueillir l'énergie de l'automne ?

À l'image de la nature, nous sommes invitées à nous retirer. Dans ce temps d'introspection, laissons mourir ce qui n'a plus lieu d'être dans notre vie. Nous sommes aussi invitées à lâcher prise, à ne pas opposer de résistance au processus de vie-mort-renaissance. C'est un temps pour libérer les émotions enfouies telles que la tristesse ou le chagrin, qui se logent dans nos poumons (selon la médecine traditionnelle chinoise).

Mon geste feel good de l'automne
Nos poumons sont fragilisés durant cette saison ; prenons le temps de reprendre notre souffle et de nous laisser traverser par le souffle vital qui anime tout être.

L'enseignement de la roue de médecine

L'automne correspond à la direction de l'ouest sur la roue de médecine. L'ouest symbolise la maturité, le temps des moissons. Nous récoltons les fruits que nous avons semés. L'ouest marque aussi le temps de l'introspection et de l'écoute, le moment de mûrir nos expériences.

La médecine de l'esprit gardien de l'ouest : la sagesse de la transformation et de l'unification

L'esprit gardien de l'ouest est Mudjekeewis. Son pouvoir est de nous apporter les dons de la maturité, de l'expérience et du savoir-faire. En cela, Mudjekeewis nous aide à tirer les leçons de nos expériences afin de réunir les fragments de notre être et de nous unifier. À l'ouest, nous faisons l'expérience de notre dualité : force et vulnérabilité, ombre et lumière, peur et confiance… Mudjekeewis nous accompagne vers l'intériorité pour puiser dans notre sagesse personnelle sans attendre que les réponses viennent de l'extérieur, car c'est une illusion. L'animal totem de la saison, l'ours, nous accompagne en faisant cette descente nécessaire dans nos terres intérieures, au cœur de notre chaudron. Il nous montre en effet le chemin du repli progressif, lui qui économise ses forces en hibernant. Il nous faut faire preuve de discernement pour entamer le processus de transformation intérieure nécessaire à l'éclosion de la meilleure version de nous-mêmes. Jamie Sams dit que nous disposons toutes d'un espace sacré qui englobe notre corps, nos pensées, nos sentiments. À l'ouest, nous apprenons à définir les limites de cet espace sacré et à le respecter pour ne pas laisser entrer ceux qui n'y sont pas invités.

Les questions à me poser pour recevoir la sagesse de la nature

- Ai-je conscience de cet espace sacré ?

....

....

- Est-ce que je connais mes limites, ou est-ce que je me consume dans le feu de l'excès ?

....

....

- De quoi est-ce que je souhaite me défaire : relations toxiques, habitudes obsolètes, croyances limitantes ?

....

....

→ Nous avons toutes un tri conscient à faire pour engager le processus de guérison qui mènera à notre transformation !

Mon arbre totem : le sureau

Installez-vous confortablement, assise ou allongée, dans une ambiance propice à la méditation. Vous allez visualiser et vous connecter spirituellement au sureau afin qu'il puisse vous délivrer son message. L'arbre totem s'adresse à votre part intuitive et réceptive. Son message s'enracine dans votre corps afin que l'enseignement de la roue s'intègre concrètement dans toutes vos cellules.

« Je suis l'arbre magique des sorcières et des druides. Mon amertume n'est qu'apparente. On me célèbre à Samhain car mon bois est un pont vers l'invisible. Avec moi, tu plonges dans tes profondeurs ténébreuses pour te trouver et remonter à la surface. Gardien du cycle vie-mort-renaissance, je te fais expérimenter le cycle de la vie. Je t'invite à la transformation, à la mue et à la métamorphose. Je t'enseigne qu'il n'est rien de permanent sinon le changement. Ne t'enferme pas dans tes peurs, elles bloquent le processus immuable de la vie. Je t'invite à la souplesse d'esprit pour te renouveler sans cesse. Le changement, s'il est inconfortable, amène aussi une métamorphose, à l'image du papillon qui sort de sa chrysalide.

Ne t'accroche pas au passé, libère-toi du connu.

Embrasse le flow de la vie et danse ton impermanence.

Fais confiance au processus de transformation : en chacun de nous, le phœnix renaît. »

Mon rituel de danse avec les éléments : je me connecte au feu avec la respiration

En yoga, « tapas » désigne une pratique ardente visant à activer le feu intérieur. Pour activer notre feu intérieur et nous relier à prana (le souffle vital qui anime toute chose), nous pouvons pratiquer le pranayama, l'exercice dirigé du souffle. Cela a aussi un effet bénéfique sur nos poumons, fragilisés par la saison. En effet, saviez-vous que lorsque nous respirons automatiquement, sans conscience, nous échangeons à chaque souffle environ ½ litre d'air, quand en conscience, nous en échangeons 5 litres ? Le pranayama permet aussi d'avoir une pensée claire et ordonnée, et diffuse une sensation d'apaisement global, notamment avec cette respiration, qui a un effet équilibrant.

En pratique

Assise en tailleur ou sur une chaise, placez votre main droite au niveau du visage, index et majeur joints entre les sourcils. En alternance, le pouce va obstruer la narine droite et l'annulaire la narine gauche.

1. La narine droite fermée par le pouce, inspirez par la narine gauche. À la fin de l'inspiration, libérez la narine droite en soulevant votre pouce. Fermez la narine gauche avec l'annulaire.
2. Expirez de la narine droite, puis inspirez par la narine droite.
3. Expirez par la narine gauche après avoir fermé la narine droite avec le pouce et libéré la narine gauche en soulevant l'annulaire.
4. Et ainsi de suite durant 5 minutes environ.

→ Idéalement, durant cette saison, pratiquez le pranayama le soir pour son effet calmant ; mais vous pouvez aussi le pratiquer le matin pour avoir les idées claires.

Mon rituel médecine de saison : le rituel du feu

La médecine du feu est très puissante : c'est par cet élément que tout se transforme et se transmute.

En pratique

Pour ce rituel, vous avez besoin d'une feuille de papier, d'un stylo et d'une bougie ou, si vous le pouvez, faites un feu sacré à l'extérieur.

1. Installez-vous confortablement face au feu et ouvrez un espace sacré avec une fumigation (encens, sauge, romarin, etc.). Puis invoquez l'esprit du feu : sans réfléchir, laissez venir les mots qui se présentent à vous spontanément ; ces mots sont votre prière unique.
2. Écrivez sur la feuille de papier tout ce dont vous souhaitez vous défaire : peurs, inhibitions, relations, etc. Prenez votre temps.
3. Le regard plongé dans les flammes qui ondoient devant vous, brûlez la feuille de papier pour que le processus de transformation opère. Reliée à l'esprit du feu, vous pouvez alors débloquer en vous les ressources sur lesquelles vous appuyer pour ce travail de transmutation : votre courage, votre persévérance, vos proches qui vous soutiennent, etc.
4. Imprégnez-vous de la sagesse du feu, puis remerciez-le pour sa médecine.

→ Réalisez ce rituel au moment de Samhain pour bénéficier de ce portail énergétique puissant.

Je complète ma roue

Voici quelques éléments-clés que vous allez ajouter à votre roue de médecine. Vous pouvez aussi l'agrémenter d'illustrations (dessins, images découpées, etc.) et de mots-clés issus de votre cheminement personnel. Si votre roue est réalisée avec des éléments naturels, comme un autel, ajoutez-y des minéraux, des bougies qui symbolisent le feu, des marrons ou des glands, des fruits de saison (pommes, poires, figues) pour célébrer l'abondance de l'automne.

- Date d'entrée dans la saison : 22 ou 23 septembre
- Célébrations de la roue de l'année : Mabon, l'équinoxe d'automne, le 22 ou 23 septembre et Samhain le 31 octobre
- Direction : ouest
- Élément : feu
- Animal : grizzli
- Esprit gardien : Mudjekeewis
- Archétype féminin : enchanteresse
- Âge de la vie : maturité

Mes mantras d'automne

« Je profite de l'automne pour faire peau neuve. Je m'en remets au processus de transmutation pour muer et me vêtir de mon manteau d'authenticité. Je savoure la descente dans mes terres intérieures. »

Conclusion

Chère femme sauvage, merci pour ce voyage que nous avons fait ensemble. Te voici arrivée à l'aube de ta puissance. En toi sourd cette sagesse personnelle que tu contactes chaque jour plus intensément. Connectée à ton chaudron, tu es invitée à créer ta propre magie, tes propres rituels. Sois créative, amuse-toi. N'oublie pas : on peut faire des choses sérieuses sans se prendre au sérieux.
Bonne route à toi !

Remerciements
Je remercie chaleureusement Solar pour sa confiance et son soutien.
Un merci tout particulier à Gwladys Greusard pour son accompagnement précieux, sa patience et ses conseils. Je remercie aussi mes proches, spécifiquement mon compagnon, pour le soutien indéfectible dont j'ai bénéficié et qui m'a portée durant l'écriture. Enfin je remercie les enseignants qui durant toutes ces années m'ont guidée dans mon cheminement spirituel.

Carnet d'adresses

L'auteure

Cours de yoga, ateliers, stages, accompagnement à la maternité, yoga au féminin, blog (articles, portraits de guérisseuses, etc.).

Maëva réalise aussi des malas-talismans personnalisés. Sa boutique Malas & Talismans est en cours de création.

Le calendrier des événements et les informations sur l'ouverture de la boutique sont disponibles sur son site Internet, www.maevayoga.com, et sur Instagram : @maevamorinyoga

Cercles de femmes

- The Witch Club, que l'auteure a cocréé avec Caroline Cressot, offre aux femmes des cérémonies en suivant la roue de l'année (cercles de femmes, rituels, etc.). Retrouvez toutes les dates sur www.maevayoga.com/the-witch-club
- Moonrise (formation en ligne « Les Quatre Lunes » sur le cycle menstruel, les archétypes, le chamanisme) : www.moonrise-retreats.com
- Les Tentes Rouges : www.tentesrouges.fr
- Renouer avec son féminin : www.renoueravecsonfeminin.fr

Reconnexion à la Terre et sagesses ancestrales

- Nés de la Terre : www.nesdelaterre.co
- Claire Jozan Meisel : www.claire-jozan-meisel.com
- Druidéesse : www.druideesse.fr
- Yishai With Love : www.yishaiwithlove.com

Yoga

- École française de yoga : www.efy.asso.fr
- Yogamrita : www.yogamrita.com/blog

Achat de cristaux

Boutiques en ligne

- La Belle Vie Healthy : https://shoplabelleviehealthy.com
- De Fil en Pierres : www.defilenpierres.com

Boutiques à Paris

- La Joie des Pierres (www.lajoiedespierres.com) : 129, rue Saint-Maur, 75011 Paris
- La Cornaline (cristaux, livres ésotériques, oracles et tarots) : 62, rue Saint-Lazare, 75009 Paris

Bibliographie

Féminin sacré, féminisme, écoféminisme

- Camille Sfez, *La Puissance du féminin*, France, Leduc. S, 2018
- Claire Jozan-Meisel, *Les Sagesses du cercle*, France, Éditions le Souffle d'Or, 2019
- Clarissa Pinkola Estés, *Femmes qui courent avec les loups*, France, Le Livre de Poche, 2018
- Starhawk, *Rêver l'obscur*, Bulgarie, Cambourakis, 2015
- Émilie Hache, *Reclaim, recueil de textes écoféministes*, Bulgarie, Cambourakis, 2016
- Odile Chabrillac, *Âme de sorcière ou la magie du féminin*, France, Solar, coll. « Harmonie », 2017
- Mona Chollet, *Sorcières, la puissance invaincue des femmes*, La découverte, 2018
- Johanna Dermi et Serena Zigrino, *Rituels de femmes pour explorer les secrets du cycle féminin*, Espagne, Le Courrier du Livre, 2018
- Élise Thiébaut, *Ceci est mon sang, petite histoire des règles, de celles qui les ont et de ceux qui les font*, France, La Découverte, 2019
- Miranda Gray, *Lune rouge, les forces du cycle féminin*, Italie, Macro Éditions, 2013
- Stéphanie Lafranque et Vic Oh, *Gardiennes de la lune*, France, Solar, coll. « Harmonie », 2019

Sagesse et savoirs ancestraux, connexion à la nature

- Jamie Sams, *Danser le rêve*, France, Véga, 2017
- Jamie Sams, *Les Cartes médecine*, Québec, Octave Éditions, 2010
- Kenneth Meadows, *Médecine de la Terre*, France, Véga, 2012
- Sun Bear, Wabun Wind et Crysalis Mulligan, *Danser avec la roue*, France, Véga, 2017
- Julie Conton, *L'Ogham celtique ou le symbolisme des arbres*, France, Mémoires du Monde, 2017
- Arnaud Riou, *L'Oracle du peuple animal*, France, Trédaniel, 2016
- Serge Augier, *Vivre en harmonie avec les saisons*, Espagne, Éditions de La Martinière, 2011
- Serge Augier, *Herboristerie*, Espagne, Éditions de La Martinière, 2011

Yoga, anatomie et connaissance de soi

- Clara Naudi et Noémie d'Auxiron, *Mon corps au pays des merveilles*, France, Éditions Phidias, 2016
- Efféa Aguiléra, *Un périnée heureux, c'est possible !*, France, Le Courrier du Livre, 2018
- Nina Brochmann et Ellen Stokken Dahl, *Les Joies d'en bas*, France, Actes Sud, 2018
- Susanne Haegele, *Hormones en Harmonie*, Angleterre, Amazon, 2019
- Art-mella, *Émotions : enquête et mode d'emploi*, tomes 1 et 2, France, Éditions Pour penser, 2016-2017
- *Revue française de yoga*, *Enchaînements II*, n° 54, juillet 2016

Pierres et cristaux

- Shalila Sharamou et Bodo J. Baginski, *Pierres précieuses & signes du zodiaque*, France, Entre Lacs, 1994
- Aurore Widmer, *La Magie des cristaux*, France, Solar, 2019

Mon cahier minceur
Mon cahier minceur
Mon cahier minceur
Mon cahier Ma grossesse et moi
Mon cahier Mon bébé et moi
Mon cahier Ventre plat
Mon cahier Ventre plat
Mon cahier La drague et moi
Mon cahier Le sexe et moi
Mon cahier 100% anti-âge
Mon cahier Détox
Mon cahier Yoga
Mon cahier Running
Mon cahier Abdos-fessiers
Mon cahier Veggie
Mon cahier Mon dressing idéal
Mon cahier Brûle-graisse
Mon cahier Pensée positive
Mon cahier Anti-stress
Mon cahier Forme et minceur après bébé
Mon cahier Régime paléo
Mon cahier Pilates
Mon cahier Beauté
Mon cahier Digital détox
Mon cahier Stop au sucre
Mon cahier Sans gluten
Mon cahier Fitness
Mon cahier Minceur avec la médecine chinoise
Mon cahier Yoga détox
Mon cahier Aquafitness
Mon cahier Beach body
Mon cahier Green détox
Mon cahier Body training
Mon cahier Régime tout cru
Mon cahier Méditation
Mon cahier Huiles essentielles
Mon cahier Boxe training
Mon cahier Mon chat & moi
Mon cahier Rangement feel good
Mon cahier Trail running
Mon cahier Yoga méditation
Mon cahier Soft fitness
Mon cahier Body minceur
Mon cahier Hair beauty
Mon cahier Jolie peau
Mon cahier Fitness food
Mon cahier Danse pilates
Mon cahier Hygge
Mon cahier Yoga sculpt
Mon cahier Tatouage
Mon cahier Yoga flow
Mon cahier Obstacle training
Mon cahier Perfect timing
Mon cahier Super organisée
Mon cahier Mon bullet agenda
Mon cahier Bullet agenda
Mon cahier Minceur healthy
Mon cahier Minceur zéro sucre
Mon cahier Stop smoking
Mon cahier Ayurveda
Mon cahier Vélo training
Mon cahier Défi voyage solo
Mon cahier HIIT
Mon cahier Cristal power
Mon cahier Macadamtraining
Mon cahier Objectif minceur en 12 semaines
Mon cahier Mes 100 modèles bullet agenda
Mon cahier Bain de forêt
Mon cahier Attitude body positive
Mon cahier Pilates intensif
Mon cahier Pilates booty
Mon cahier Rituel power
Mon cahier Lune
Mon cahier Massage
Mon cahier Ikigai
Mon cahier Objectif minceur en 12 semaines
Mon cahier Mariage
Mon cahier Green power
Mon cahier Sophro
Mon cahier Objectif zéro sucre en 12 semaines
Mon cahier Pilates minceur
Mon cahier Gainage
Mon cahier Zéro déchet
Mon cahier Tarot
Mon cahier Objectif bikini en 12 semaines
Mon cahier Fit & green
Mon cahier Cardio-pilates
Mon cahier Huiles essentielles au féminin
Mon cahier Good vibes
Mon cahier Objectif budget en 12 semaines
Mon cahier Objectif training en 12 semaines
Mon cahier Objectif zéro gras en 12 semaines
Mon cahier Yoga féminin
Mon cahier 2020
Mon cahier 2020

LES BEAUTIFUL GIRLS,
C'EST TOUTE UNE COMMUNAUTÉ !

Retrouvez plein de bonus, de conseils feel good,
des recettes, des trainings,
et des actus tendance **MADE BY MON CAHIER !**

Un lieu rien que pour vous :
http://mylifeisbeautiful.fr/

Une communauté de filles stylées :
VOUS DÉCHIREZ
mylifeisbeautiful.fr   mylifeisbeautiful.fr

Direction : Jean-Louis Hocq
Direction éditoriale : Marion Guillemet-Bigeard
Édition : Gwladys Greusard
Conception et mise en couleur de la couverture : Stéphanie Brepson
Conception des cartes : Sophie Delannoy
Correction : Clémentine Bougrat
Mise en pages : Nord Compo
Fabrication : Laurence Duboscq

ISBN : 978-2-263-16303-6
Code éditeur : L16303
Dépôt légal : février 2020

Imprimé en France par Clerc
94, rue de la Brasserie, 18200 Saint-Armand-Montrond

SolarEditions
solar_editions

mylifeisbeautiful.fr
mylifeisbeautiful.fr

http://www.mylifeisbeautiful.fr/

Solar, un département d'Édi8
92, avenue de France
75013 Paris